WIN TO SPEAK
赢在会演讲

田金涛◎编著

中华工商联合出版社

图书在版编目(CIP)数据

赢在会演讲 / 田金涛编著. -- 北京：中华工商联合出版社，2020.11
ISBN 978-7-5158-2923-4

Ⅰ.①赢… Ⅱ.①田… Ⅲ.①演讲–语言艺术 Ⅳ.①H019

中国版本图书馆CIP数据核字（2020）第 227404 号

赢在会演讲

编　　著：	田金涛
出 品 人：	李　梁
责任编辑：	李　瑛
责任审读：	李红霞
责任印制：	迈致红
出版发行：	中华工商联合出版社有限责任公司
印　　刷：	北京毅峰迅捷印刷有限公司
版　　次：	2022 年 1 月第 1 版
印　　次：	2022 年 1 月第 1 次印刷
开　　本：	710mm×1020mm　1/16
字　　数：	180 千字
印　　张：	13.5
书　　号：	ISBN 978-7-5158-2923-4
定　　价：	58.00 元

服务热线：010-58301130-0（前台）
销售热线：010-58302977（网店部）
　　　　　010-58302166（门店部）
　　　　　010-58302837（馆配部、新媒体部）
　　　　　010-58302813（团购部）
地址邮编：北京市西城区西环广场 A 座
　　　　　19-20 层，100044
http://www.chgslcbs.cn
投稿热线：010-58302907（总编室）
投稿邮箱：1621239583@qq.com

工商联版图书

版权所有　侵权必究

凡本社图书出现印装质量问题，请与印务部联系。
联系电话：010-58302915

PREFACE 前言

　　学生时代伶牙俐齿的你，班会时被叫到讲台上发言，你是否面红耳赤、不知该讲什么？相信这样的经历在不少读者中有过，并且还在延续着。

　　作为社会人，我们每一个人的成功都离不开其他人的支持。在一定意义上说，支持你的人越多，你成功的概率就越大，成就的事业也越大。那么如何赢得他人的支持？

　　演讲是一个最好的途径。通过高超的演讲，你可以一对多地说服与鼓动一群人。这"一群人"，可以是几个，也可以是几十个甚至更多。电视以及互联网技术，将演讲的影响力无限放大。

　　会演讲者得天下。谈锋凌厉的马云，口若悬河的严介和，循循善诱的牛根生，字字珠玑的鲁冠球，激情四射的俞敏洪，幽默又充满情怀的罗永浩，……看财富榜上那些挂着董事长、总裁、CEO之类头衔的璀璨"大腕"，他们都可以称得上是优秀的演讲家。

　　对于普通人而言，逆袭的道路曲折坎坷。但几乎每一位金字塔尖的成功人士都是这么一步一步走过来、说过来的。你要推销自己、影响他人，光做不行，还需要发声，勇敢地面对大众将"我是谁""我能做什么""我需要什么"传播出去。如果你的演讲能打动更多的人，你就能赢得脱颖而出的机会。

　　值得说明的是：这些成功的演讲者，并非在一夜之间就拥有了高超的演讲技能。他们早在默默无闻的时候，就已经开始利用各种机会来锻炼自己演讲的本领，显露自己的演讲才能，有些人更是通过在面试中演讲才获得了机遇。

　　演讲是一门实用艺术，需要我们不断地探索、学习、研究，并且形成自己鲜明的风格。而掌握并熟练运用演讲，在提高自身的整体素质和人生的事业中，更具有重要的现实意义。

CONTENTS 目录

第一章
重视：演讲之才就是成功之道

成败是可以"说"出来的 / 002
演讲可以为你的形象加分 / 004
演讲就是在推销自己 / 007
推开无尽财富之门 / 009
好口才帮你博得好前程 / 011
成也演讲，败也演讲 / 014
拿破仑如何用演讲铸就辉煌 / 016

第二章
准备：给你的演讲"备课"

做足演讲准备，方能信心百倍 / 022

如何搜集资料为演讲铺路 / 023

写个很棒的演讲稿 / 025

为你的演讲找点"料" / 027

克服演讲时的心理紧张 / 030

不妨做个"标题党" / 032

审视形象是否合"礼" / 034

第三章
开场：牢牢抓住听众的心

以心动人，以情感人 / 038

抓住演讲中的"兴奋点" / 041

设计一个精彩的段落 / 044

用事实来支撑演讲 / 048

设计开场，先声夺人 / 051

贴近生活，勾人心弦 / 054

亚历山大对马其顿士兵的演讲 / 056

第四章
举止：个人修养决定听众印象

肢体语言决定成败 / 062

站姿要规范 / 065

目录

丰富你的面部表情，使之能传情达意 / 067

巧妙合理地运用手势语 / 070

运用手势语的原则 / 075

自信是演讲者的基本功 / 076

丘吉尔：热血、辛劳、眼泪和汗水 / 078

第五章
细节：注重演讲中的细枝末节

调查研究不容忽视 / 084

选材要精挑细选，增强说服力 / 087

根据演讲稿的类型有目的地选材 / 090

整理材料要细致 / 094

收集数据要精确 / 097

善于就地取材 / 099

学会引经据典 / 102

第六章
情绪：强烈的感染力从何而来

激情四射，感染听众 / 106

演讲中的"声"化武器 / 109

用"转折"让演讲跌宕起伏 / 112

以良好的心态克服紧张情绪 / 115

西雅图酋长的深情演说 / 117

第七章
提升：演讲还需"自身硬"

你有多少知识库存 / 122

成为一本行走的汉语词典 / 124

烂笔头也需好记性 / 126

想象力是演讲的翅膀 / 129

大师胡适的"三味药" / 132

第八章
结尾：别在最后松懈

好的结束语让演讲余味悠长 / 140

生活中常见的结束语 / 142

打造高明结尾的几个技巧 / 145

这几种结束语千万要不得 / 150

第九章
互动：别把演讲当成一个人的舞台

回答问题也是演讲的内容 / 154

面对刁难的问题怎么回答 / 155

问题可以猜，答案不要猜 / 158

小心三种听众的提问 / 159

第十章
即兴：演讲者的至高境界

成功即兴演讲的5个要求 / 162

用"三定、四问、五借"快速构思 / 164

打破无"兴"的尴尬 / 168

遭遇思维"卡壳"怎么办 / 171

既"即"之，则"兴"之 / 174

马克·安东尼在恺撒葬礼上的即兴演讲 / 176

第十一章
救场：做好准备，不惧意外

冷场了怎么办 / 182

忘词的尴尬 / 186

失言后的补救措施 / 188

以退为进，化解危机 / 190

运用幽默消除尴尬 / 192

应对开小差的听众 / 193

如何应对刁难的听众 / 195

第十二章
不同场合的演讲战术

如何做好竞聘演讲 / 198

如何做好就职演讲 / 200

如何做好动员演讲 / 203

第一章

重视：
演讲之才就是成功之道

哪里有演讲，哪里就有力量；哪里需要力量，哪里就有演讲。成功离不开大家的支持，而要说服大家拥护你，鼓动大家去追随你，演讲是最有力的方式。

演讲可谋得支持，可鼓舞士气，可凝聚人心，甚至可以改变历史。演讲不仅仅是一种影响力，同时还是一种生产力。从苏格拉底到马丁·路德·金，再到奥巴马，他们都是通过演讲，让大众理解和接受自己的观点和主张，进而采取一致行动。

成败是可以"说"出来的

　　戴高乐是继拿破仑之后，法国历史上又一个具有传奇色彩的领导人。在二战初期，包括法国在内的同盟国屡战屡败。1940年6月17日，法国元帅贝当向希特勒举起白旗，法国人民陷入黑暗之中，国内开始弥漫颓废绝望之风，士气也低迷不振。

　　流亡在英国伦敦的准将戴高乐，为了鼓舞民众、重振军心，于元帅贝当投降次日发表了著名的演讲——《谁说败局已定》。戴高乐在英国伦敦布什大厦的播音室里，向法国人民发表了这篇著名演讲——

　　担任了多年军队领导职务的将领们已经组成了一个政府。

　　这个政府借口军队打了败仗，便同敌人接触，谋取停战。

　　我们确实打了败仗，我们已经被敌人陆、空军的机械化部队所困。我们之所以落败，不仅因德军的人数众多，更重要的是他们的飞机、坦克和作战战略。正是敌人的飞机、坦克和战略使我们的将领们惊慌失措，以至出此下策。

　　但是难道败局已定，胜利已经无望？不，不能这样说。

　　请相信我的话，因为我对自己所说的话完全有把握。我要告诉你们，法兰西并未落败，总有一天，我们会用对方战胜我们的同样手段使自己转败为胜。

因为法国并非孤军奋战。她并不孤立。绝不孤立！她有一个幅员辽阔的帝国做后盾，她可以同控制着海权并在继续作战的不列颠帝国结成联盟。她和英国一样，可以得到美国雄厚工业力量源源不断的支援。

这次战祸所及，并不限于我们不幸的祖国，战争的胜败亦不取决于法国战场的局势。这是一次世界大战。我们的一切过失、延误以及所受的苦难都不能改变一个事实，即世界上仍有一切手段，能够最终粉碎敌人。我们今天虽然败于机械化部队，将来，却会依靠更高级的机械化部队夺取胜利。世界命运正系于此。

我，戴高乐将军，现在伦敦发出广播讲话。我吁请目前或将来来到英国国土的法国官兵，不论是否还持有武器，都和我联系；我吁请具有制造武器技术的技师与技术工人，不论是目前或将来来到英国国土，都和我联系。

无论出现什么情况，我们都不容许法兰西抗战的烽火被扑灭，而且也永不会被扑灭。

明天我还要和今天一样，在伦敦发表广播讲话。

整个演讲600余字（指翻译后的汉字），字字充溢着"胜利属于法兰西"的信念。即便在眼前遭受重大挫折时，其决心与信念也没有丝毫的动摇。戴高乐的演讲情绪高昂、鼓动性非常强，可谓扭转成败的一篇经典檄文。

让我们将目光拉回现实，看当今商界宠儿们的高超演讲。在央视《赢在中国》节目的评委里，最出彩的当属马云了。马云用他的演讲征服了无数电视机前的观众，这些演讲对于马云的影响力具有极大的提升。

那些在周会、股东大会、电视采访等公开场合游刃有余、侃侃而谈的企业家，比那些躲避聚光灯的人更容易成功。事实上，马云并非等到自己成功后才到处演讲，发表自己独特的看法。在他创业的过程中，他的演讲就从来没有停过,总是利用更多的场合来传播、宣传与推销自己。这就是他众多经典语录的由来,也是他影响力的重要组成部分。

演讲可以为你的形象加分

有位哲人曾经说过:"世间有一种成就可以使人很快完成伟业,并获得世人的认识,那就是讲话令人喜悦的能力。"演讲不只是说话的艺术而已,有时候还能增加个人魅力,为你赢得听众的掌声。

美国总统奥巴马曾是伊利诺伊州一个籍籍无名的国会参议员,他第一次为人所熟悉源于一场演讲。2004年7月,他发表了一篇名为《无畏的希望》的演讲。在演讲中,他提出了一个伟大的梦想——消除党派和种族分歧,实现"一个美国"。这篇慷慨激昂的演讲经媒体公布后,奥巴马顿时声名鹊起,成为全美国知名的政界人物。可以说,这篇演讲正是奥巴马从底层一路走到白宫的"介绍信"。至此,他那雄辩的口才、灿烂的笑容以及富有个人魅力的演讲俘获了众多美国人的心,也让他被誉为"美国历史上口才最好的总统之一"。

超凡的演讲口才为奥巴马赢得众多掌声的同时,也为他带来了许多支持者,使他在四年后以绝对优势当选美国第44任总统,他也是美国历史上第一位黑人总统。在奥巴马之前,没有人能够想到,这个在种族歧视问题中不断挣扎的国家会选出一位黑人总统。可奥巴马不但做到了,他还做得很好,连任了一届。他的演讲风格流畅恢宏,字字掷地有声、句句催人奋进,激发起无数选民的热情。

世界历史上从来不乏能言善辩之人。从古希腊哲学家苏格拉底到美国人权领袖马丁·路德·金，再到奥巴马，他们都是令人仰慕的演讲高手。他们的演讲能把听众带入一个新的世界，让听众随着他们的演讲而产生各种共鸣，或喜或悲，或于会心处捧腹大笑，或于动情处潸然泪下。

演讲是一个人口才的表达形式，它具备强大的沟通效力，也能够展现个人魅力，是人类社会活动和人际交往的重要沟通手段。它不仅包含着大量的信息，而且还可以包罗万象，与人生的实际意义挂钩。演讲者可以通过演讲来宣传自己的观点，并用自己的感染力让听众理解并接受自己的主张，进而号召听众成为自己的拥趸。

在北京卫视《我是演讲家》的评委里，乐嘉是一个非常出彩的人。他拥有良好的口才，而且还有极其强大的感染力。他的演讲往往能够点燃听众的热情，且不乏一些经典的段子。乐嘉对性格色彩学的研究让他轻而易举地获得权威性。在点评选手的同时，他也是在为自己做一场免费的推广，让越来越多的人能够了解他和他的性格色彩学，为自己积累了人气，提高了个人魅力。毫无疑问，乐嘉的这些演讲对他的影响力有着极大的提升。

演讲不仅是一门说话的艺术，更是一个人才学识与智慧的体现。演讲可以锻炼、提升你的语言组织及表达能力，可以帮助你更好地与人沟通，帮助你更快地建立自信，更快地累积人气，为你敲开成功之门。

表面上来说，具有魅力的演讲就是能抓住听众的眼球、吸引听众的注意力，但是演讲者背后的功力是其一生不断强化练习的结果。对于演讲者而言，别人无法替代的魅力，不是源自机械化、程式化的PPT文件，而是其充满人性的学识和智慧的结晶。

在一次清华大学举办的"与学术大师对话"的交流座谈会上，比尔·盖茨应邀出席，并被授予清华大学第13位名誉博士。学位授予结束后，比尔·盖茨在清华大学主教学楼大厅发表了题为"未来之路：在中国共同创新"的演讲。在演讲进入问答环节时，一位在座的清华学生问盖茨："盖茨先生，您最近有没有去外太空的打算？"

比尔·盖茨幽默地答道，尽管现在太空也接入了互联网，去太空是一件很奇妙的事情，但是他不会去。"不过微软已经有人在太空了，一个出生在匈牙利的博士，他现在正在太空。当然，他再过几天就会回到地球。我两天前还和他通过电子邮件。"

比尔·盖茨的这番回答不乏机智与幽默，让人微微一笑之时，更直观地了解了互联网的普及程度。

美国作家马克·吐温在文学上大有成就，同时他也是一个很幽默的人，他的演讲总是十分精彩。不过有一次，马克·吐温却被另一位雄辩家琼西·M.得彪"摆了一道"。

那次，马克·吐温和得彪应邀参加同一场晚宴。主办方特地请二人发表演讲助兴。马克·吐温对演讲熟门熟路，一上台就止不住嘴，滔滔不绝地讲了二十多分钟。他语言风趣，思想又很犀利，赢得了满堂喝彩，就连得彪都被他深深折服。

轮到得彪演讲时，他从位子上站了起来，面露难色地说："诸位，实在抱歉，会前马克·吐温先生约我互换演讲稿，所以诸位刚才听到的是我的演讲，衷心感谢诸位认真的倾听及热情的捧场。然而不知何故，我找不到马克·吐温先生的讲稿了，因此我无法替他讲了。请诸位原谅我。"

马克·吐温没料到得彪会来这么一招，他知道对方纯粹是开玩笑，于是也配合得彪，朝得彪投去略带幽怨的眼神，然后向底下的听众耸了耸肩膀，表示自己的无奈。

听众见此情景，都哈哈大笑起来。在这场宴会中，得彪与马克·吐温的口才都令人惊艳，而最出彩的无疑是得彪，他只用短短几句话，就将马克·吐温费了20分钟口水的演讲收入囊中，体现了另一种智慧和境界。

演讲就是在推销自己

在这个互联网化的时代，推销自己看似是一件非常简单的事情，因为我们已经拥有了太多太多的平台，特别是自媒体的出现，让推销自己变得更加高效便捷。但演讲这种最古老、传统的推销方式至今仍然有着强大的生命力。

要意识到这一点，我们首先必须要明白"酒香不怕巷子深"的道理。在信息大爆炸的时代背景下，消极地等待一个偶然的过客来发现"酒香"是非常不划算的。如果我们是人才，是千里马，也需要对自己进行自我包装、自我推销，只有这样，我们才能够赢得伯乐的赏识。

汉朝开国名臣韩信最早曾投靠项羽，但怀才不遇不为所用，于是千里迢迢入蜀投奔汉王刘邦，但因为从未与刘邦说上话，所以一直也得不到重用，只做了个管理粮食的小官。在他觉得前程无望试图离开时，却被当时的丞相萧何追回，并力荐给刘邦。刘邦无奈，只好召见他："丞相数荐将军，将军何以教寡人计策？"韩信终于有了一吐胸中经纶的机会。他向刘邦分析了楚汉之间的形势优劣，指出刘邦虽弱，但具备战胜项羽的条件，言之凿凿，头头是道。刘邦大喜，立刻拜韩信为大将军。而韩信果然不负圣望，运筹帷幄，决胜千里，帮助刘邦成就了汉室霸业，立下头功。试想，韩信如无一吐经纶的机会，或许此生就碌碌无为，历史也会因此改变！

古人尚且如此珍视口才，懂得用口才来为自己谋得一份好的前程，更何况我们身处资讯日益发达的现代。当今社会竞争激烈，人才济济，要想在社会上取得一席之地，或找一份稳定工作，首先要让别人了解你，而在求职面试中，被人了解的途径最主要就是言谈举止，正所谓"言之方可知之"。一个沉默寡言的人，不会因说错话丧失机会，但也会因没有说好话而丧失更多的机会。

在现实社会中也有很多这样的情况，一个人空有满腹才学，却得不到重用，"肚子里有货倒不出来"。职场上，有多少职员明明内心好点子一大堆，知识技能掌握得比别人更娴熟，却因不善言辞而得不到一展身手的机会，一直得不到重用。

我们开口说话，也是为自己打"广告"。一生亏在口才不好、败在不会说话的人很多。我们常看到许多不敢说话、不善言谈的人所遇到的尴尬情形，他们的话语不能准确、完整地表达出自己的意图，让听者觉得十分吃力费神，更谈不上产生共鸣，或心悦诚服地接受其意见。这样就造成了沟通中的种种障碍，影响工作和生活，同时也给自己带来诸多苦恼。

还记得"水管工老乔"吗？如果你关注过奥巴马的总统大选，一定对这个名字不陌生。他尖锐地批评奥巴马的加税主张，被奥巴马的竞选对手视为救命稻草，因此成了美国家喻户晓的人物。众多媒体蜂拥而至，老乔一次次在镜头前侃侃而谈。有人说，老乔是信息时代的幸运儿，而造就他这种幸运的，是他的口才。

因为拥有一副好口才，才使得奥巴马的竞争对手开始关注这个生活中默默无闻的水管工，使老乔一跃成为美国家喻户晓的人物。

所以，在新传媒时代的大背景之下，一个人拥有再丰富的学识、卓越的才能，如果缺乏一副与别人沟通，适时推销自己的好口才，那再香的"酒"也会无人问津。

推开无尽财富之门

曾担任过三届美国国务卿的丹尼尔·韦伯斯特说过:"如果有一天,神秘莫测的天意将把我的全部天赋和能力夺走,我会毫不犹豫地要求将口才留下——有了它,我不久便可以拥有一切财富。"

一个叫花子假装哑巴,在街上乞讨。他用手指着破碗,又指着自己的嘴,嘴里发出"哑哑"的声音。有一天,他拿着讨来的十块钱去买酒喝。快喝完时,他说:"再给我添点酒。"店主很奇怪地问:"你不是哑巴吗?怎么说起话来了呢?"叫花子说:"以前没钱,叫我怎么说得出话来?今天有了钱,自然就会说话了。"

真的是有了钱、"腰板直了"才能说话吗?其实,正是长久的失语,才让我们与财富失之交臂,而非财富赋予了我们话语权。

很多人之所以不重视对口才的培养和运用,其实就是没有看到口才所带来的财富效应。他们把口才看作"嘴皮子"功夫,认为对自己的物质生活没有什么实质性的影响。可事实果真如此吗?

有一位著名的画家,以擅长画牡丹而闻名海内外。他旅居海外期间,一位美国国会议员慕名买了他的一幅牡丹图,回去后很高兴地挂在客厅里。议员的一位朋友来访,看到画后却大呼不吉利,因为这幅牡丹没有画完整,缺了一部分。牡丹代表富贵,缺了一部分,用中国话说岂不是"富贵不全"吗?

议员也大吃一惊,认为牡丹图缺了一部分是对他的不尊敬,要求画家向他道歉,并赔偿损失。画家灵机一动,告诉这位议员说,既然牡丹代表富贵,缺了一部分,不正是代表"富贵无边"吗?如此一解释,议员又高高兴兴地把画捧回去了。

试想，如果画家没有好的口才，那他不仅要赔偿议员的钱财，还会因此名誉受损。画家巧妙的回答使双方皆大欢喜，恰恰验证了"人的舌头底下有黄金"这句老话。

美国前总统克林顿退出政坛后，开始四处演讲的生活。2005年，克林顿来到中国深圳，在一个多小时的演讲中，克林顿轻轻松松赚得25万美元。据美国的媒体估算，近几年，克林顿依靠讲演，赚到了近2000万美元。

马云开创"阿里巴巴"之前，只是一名普通的英语教师。1999年初，马云创办了"阿里巴巴"。然而如何让"阿里巴巴"网站获得客户的认可，是马云面临的第一个难题。为了打开知名度，马云到各个大学去做演讲，并通过电子商务网络会议和论坛宣讲他的B2B模式。

极具煽动性的口才和出位的商业思想，让马云和阿里巴巴有了超强的曝光度和知名度。很快，风险投资从天而降。在一次面谈中，马云仅仅讲了6分钟，就从全球互联网"投资皇帝"——日本软银公司的董事长孙正义手中拿到了2000万美元的风险投资。

克林顿的经历和马云的成功告诉我们：好口才可以给我们带来实实在在的物质财富。

如果你现在选择做个"聋子"，很快你就不得不成为"哑巴"。要么默默无闻，要么脱颖而出——你的命运含在自己的"口"中。

笨嘴拙舌，会使人到处碰壁；口吐珠玑，则会让你左右逢源。或许你一辈子也做不到像克林顿、马云那样通过"说话"赚钱，但你若想成为成功人士，就一定不要轻易让财富从"口"中溜走。

好口才帮你博得好前程

古罗马的史料上记载："在所有掌权的皇帝中，尼禄是第一个需要别人写演讲词的皇帝。"也就是说，之前的古罗马皇帝都是很擅长演讲的。虽然罗马帝国早期的皇帝都是军人出身，但他们也都饱读诗书，并且具有杰出的口才和卓越的写作才能。为了赢得民众、士兵、元老院的支持，提高威望，他们必须经常在公众面前发表演讲。因此，可以说，罗马的皇帝都是演讲家，都有一副好口才。

拥有一副好口才，并擅于运用一套演讲词才能赢得幕后集团的集体支持，这一方法也一直影响着西方政界。直到今天，在西方国家，演讲依然是竞选总统的重要手段。那些最终的胜出者，不仅因为具备一定的领袖魅力、远见卓识和政策纲领等因素，更离不开当众演讲的卓越能力。可见，懂得演讲的艺术魅力，拥有一副好口才是你拥有大好前程的不可缺少的一环。

1860年，林肯作为共和党的候选人参加了总统竞选。林肯的对手、民主党人道格拉斯是个大富翁。他租用了漂亮的竞选列车，在车后安上了几尊大炮，每到一站便鸣炮32响，加上乐队奏乐，声势之大超过了当时美国历史上任何一次总统竞选。道格拉斯洋洋得意地说："我要让林肯这个乡下佬闻闻我的贵族气味。"

林肯没有专车，也没有用来给他壮声威的大炮。他只能买票乘车，每到一站，朋友们为他准备一驾耕田用的马车。他发表竞选演说时说："有人写信问我有多少财产。我有一位妻子和三个儿子，都是无价之宝。此外，还租有一个办公室，室内有桌子一张，椅子三把，墙角还有大书架一个，架上的书值得每人一读。我本人既穷又瘦，脸很长，不会发福。我实在没有什么可依靠的,唯一可依靠的就是你们。"

道格拉斯对林肯的嘲笑没有起到任何作用,美国的人民被这个寒酸而又直白的瘦高个子感动了,当年的竞选以林肯当选道格拉斯败北而告终。

演讲所需的基本素质之一就是口才,而拥有敏捷的思维、能言善辩的口才则是事业成功的前提。一个会说话的人,首先必定具有敏锐的洞察力,能深刻认识事物,说话一针见血,能准确地反映事物的本质;其次,还必须有严密的逻辑思维能力,懂得分析、判断和推理,说出话来才能条理清晰、滴水不漏;最后,还必须有高超的表达能力。正因如此,演讲才成了学识和教养的标志,是事业成功的阶梯。

有口无才,便是山中竹笋,嘴尖皮厚腹中空;有才无口,则为茶壶煮饺子,满腹经纶却倒不出来。好口才是成功者的重要素质,思维敏捷、能言善辩则是事业成功的前提。

一代大师徐悲鸿,他的人生机遇很多是用语言赢得的。1916年,21岁的徐悲鸿报考复旦大学,校长召见新生,其优雅的谈吐给校长留下深刻印象,认为徐悲鸿是可造之才,后给予诸多勉励与帮助。1920年徐悲鸿留学法国,在一次茶话会上被介绍给法国当时最知名的画家达仰·布佛莱。久慕大名的徐悲鸿当即说道:"先生!我很盼望能得到您的教诲。"一句话便让达仰感到这个中国青年的诚恳朴实,随即将自己画室的地址给了徐悲鸿,嘱咐他每个星期天的早晨到自己的画室去。在第一个星期天,徐悲鸿去见达仰,同达仰谈起了自己的追求和信心,达仰了解了其天赋和抱负之后异常欢喜,竟然忘记自己已届68岁高龄而开心地同徐悲鸿谈起五十余年来的往事。得益于达仰的慧眼,徐悲鸿终成一代大师。

在人际交往中,人们对一个人的了解最主要的是来自被了解者的言语,有高超的当众讲话水平就能体现一个人的知识水平、阅历经验等综合素质,一个沉默寡言的人,别人是不会在意也无法了解的。所以,在工作当中,我们在做得好的基础上，还需要说得好。

有一种有趣的说法：地球在缩小，舌头在延长！在当今社会，人与人之间相互合作的需要也变得越来越重要。因而，沟通与语言表达能力，对现代人来说显得举足轻重。

口才能够折射出说话者的为人与素养。人的能力有高有低，若想快速了解陌生人，不妨先关注他们的口才。能力的高低，其主要表现是说话的水平不同，通过言谈，陌生人可以熟识起来，隔阂可以消失，甚至人与人的矛盾也可以因此得到解决。

"听君一席话，胜读十年书。"的确，跟那些知识渊博且口才棒的人交谈，比喝了美酒更令人愉悦，比听交响乐更能振奋精神。良好的言谈可以带给他人愉悦和欢畅，帮助你提升知识和修养，激发你的创造力，也可以增进人们的感情。

拥有了一副好口才，你才能为自己博得一个好前程。试想，若没有一个聪明、机智的头脑，没有一副能言善辩的口才，面对道格拉斯的故意刁难，又该如何化解呢？

孔子曾说："始吾于人也，听其言而信其行；今吾于人也，听其言而观其行。"（《论语·公冶长》）他看人，首先还是要"听其言"。从一个人的谈吐、言辞中就可以初步判断出他是一个怎样的人。在组织、个人需要尽快认识、了解某人时，"听其言"，则是最直接、有效的手段。所以，掌握好说话的艺术，能说话、会说话并能说"好"话，你就能搏出一个精彩的未来。

成也演讲，败也演讲

在繁华的巴黎大街旁，站着一个衣衫褴褛、头发斑白、双目失明的老人。他不像其他乞丐那样伸手向行人乞讨，而是在身旁立一块木牌，上面写着："我什么也看不见！"街上过往的行人很多，看了木牌上的字都无动于衷，有的还淡淡一笑，便姗姗而去了。

这天下午，法国著名诗人让·彼浩勒也经过这里。他看了看木牌上的字，问老人："老人家，今天上午有人给你钱吗？"

老人叹息地回答："我，我什么也没有得到。"说着，脸上的神情非常悲伤。

让·彼浩勒听了，拿起笔悄悄地在那行字的前面添上了"春天到了，可是"几个字，就匆匆地离开了。

晚上，让·彼浩勒又经过这里，问那个老人下午的情况。老人笑着回答说："先生，不知为什么，下午给我钱的人多极了！"让·彼浩勒听了，摸着胡子满意地笑了。

"春天到了，可是我什么也看不见！"就因为多了六个字，使得原本平淡的语言富有了诗意，带有非常浓郁的情感色彩；也正因为这句富有诗意的话语，使得人们的同情心陡然上升，为老人带来了更多的希望。

学会说话是一门深奥的艺术，话说得好，小则可以讨喜、动人，大则可以保身、兴邦；话说得不好，小则树敌、伤友，大则丧命、失江山。演讲同样如此，苏秦、张仪游说诸侯，战国格局为之改变；诸葛亮说服孙权，三国鼎立之势终成；罗斯福之"炉边谈话"，温暖千万心灵。由于一言之闪失，导致兵戎相见、血流成河的浩劫，在中外历史上也是屡见不鲜，故《论语》

有言："一言可以兴邦，一言可以丧邦。"因一言不慎而招致杀身之祸的也不乏其人，因一句"此跋扈将军也"而被梁冀毒死的汉质帝，还有恃才放旷的杨修都属此列。好的演讲能帮你走向成功，而说话一旦不到位就可能让你身陷囹圄。

据说朱元璋做皇帝后，想攀附他的昔日伙伴很多。其中一位来找他，想谋个一官半职，一见面就说："老朱，咱哥们以前都帮人打工。一次，在芦花荡里，把偷来的豆子放在瓦罐里煮，还未熟，大家就抢着吃，把罐子打破了，豆子撒了一地，汤也泼了。你只顾抓地上的豆子吃，却连红草叶也送进嘴里，谁料叶子卡在喉咙，使你很痛苦。幸好我叫你把青菜叶吞下去，才把红草叶带下去……"此时的朱元璋作为一个皇帝，被别人这样揭老底，顿时觉得有失颜面，于是龙颜大怒，即刻命人把此人推出去斩了。而同为昔日的伙伴，另一人见到朱元璋时却用了另一番不一样的说辞："微臣当年随驾扫荡芦州府，打破罐州城，汤元帅在逃，拿住豆将军，红孩儿当关，多亏菜将军。"朱元璋听后心中窃喜，当即就封他做了大臣。其实，两人讲的是同一件事，结果一个被杀，一个封官。这个故事的寓意在于：善于讲话会助一个人走向成功，而不善讲话者虽然不至被杀头，但离倒霉也不远了。

生活中一些演讲失败的案例主要还是源于"肚子里墨水少"，或者"脑袋瓜不管用"，说话抓不住要领，看问题看不到本质。于是，不管他人是不是接受，能不能接受，只好不分次序，不管轻重缓急，统统将想说的一股脑全说出来，哪怕他人耐烦与否。再或者就是对自己的能力不自信，于是就人云亦云或照本宣科。

而在工作中，有的人可能想对上级巴结、高攀，想让自己所做的一切显得天衣无缝，让自己所说的一切显得滴水不漏，于是在汇报工作时往往滔滔不绝，事无巨细地统统上报。殊不知，这样的行为更加让人觉得厌烦，更加让人反感。有的人则在对待下级时，为了显得自己有水平，讲起话来总要拿腔拿调，还要不伦不类地引经据典，纵论古今中外，天文地理……不管与主题是否沾得上边都统统用上。自以为水平高，其实听报告的人烦得很。

日本前首相田中角荣少年时患有口吃，因此口才一直很差。在一次竞选日本众议员的演讲集会上，田中角荣一上台就引起大片喝倒彩的浪潮。当他硬着头皮、结结巴巴地作自我介绍时，一些听众甚至不耐烦地高声提出自己不是来听他讲个人经历的。田中角荣窘迫得脸色苍白，语无伦次，都不知道自己说了些什么。他后来回忆当时的情景，坦白地承认自己差点哭了。可想而知，这样的人不会赢得选民的支持，即使他有满腹的治国方略，也白搭，因为他无法传达给众人，没有人知道他有才能。好在田中角荣知耻而后勇，为了克服口吃，练就演讲技巧，他常常朗读课文；为了准确发音，他对着镜子纠正嘴和舌根的发音部位，严肃认真，一丝不苟。最后，随着政治经验的丰富与演讲技巧的提高，他终于在54岁那年成为日本首相。而他在竞选首相时，居然被众人惊呼为演讲天才。

由此可见，要成为一个演讲高手，为自己赢得满堂喝彩，不仅要有深厚的文化知识做后盾，还需要勤加练习，让自己的演讲更为完美，这样才能让演讲的水平越来越高。

拿破仑如何用演讲铸就辉煌

拿破仑·波拿巴是法国近代资产阶级军事家、政治家和数学家，曾建立了法兰西第一帝国，征服和占领过西欧和中欧的广大领土。在拿破仑执政期间，主持起草并颁布了《拿破仑法典》。《拿破仑法典》被称为资本主义国家中最早的一部系统的成文民法典。因其卓越的政治和军事才能，拿破仑被后世称为奇迹的创造者。

幼年时期的拿破仑家境贫寒，身材短小，貌不惊人，且体弱多病，但是他聪明颖慧，意志坚强。拿破仑在9岁时就被父亲安排到了法国布里埃纳军校接受教育。1796年，26岁的拿破仑被任命为法兰西共和国意大利方面军总司令，从此开始了他辉煌的戎马生涯。

拿破仑在逐渐显露其超凡政治及军事才华的同时也逐渐证明了他具有卓越的口才，甚至可以称得上是演讲奇才。他能成为士兵们誓死效忠的统帅，能成为民众狂热拥戴的皇帝，与他富有感染力和号召力的演讲是分不开的。几乎每场出奇制胜的战争，几乎每一个重大的人生转折，都伴随着一场耐人寻味的演讲。

拿破仑真正踏上他惊天动地的人生历程，是在1796年3月11日即他婚后的第二天，他被任命为意大利军团总司令，迎战反法同盟军。面对强大的敌人，拿破仑接手的却是一支衣衫褴褛、食不果腹的军队，而且炮兵、骑兵严重不足。就在拿破仑到来的头天晚上，一个营就因没有靴子穿而拒绝执行向另一个地区转移的命令。当时，法国国库空虚，意大利方面军物资供应贫乏，又不能从政府那里获得任何东西，唯一的出路只能靠在意大利平原上打胜仗来保证后勤的供应。拿破仑清醒地认识到，要真正严肃军纪，重新集结起涣散的军心，就必须使自己的军队有衣服和鞋子穿。然而，大本营从战争开始就从未离开过尼斯，管理机关的工作人员总是把自己的单位看作不可移动的地盘。因此，拿破仑叫他们一起远征，把大本营迁移到阿耳班加，并于3月27日，他在检阅军队时第一次发表了极富煽动性的演讲：

士兵们！你们吃得不好，又几乎没有衣服穿。政府得到你们的多多支持，却没有什么能给你们。你们的耐心、勇敢使你们受到尊敬，可是既没有给你们好处，也没有给你们光荣。我即将把你们带到世界上最肥沃的平原地区去！你们将在那里看到巨大的城市、富裕的省份；你们将在那里获得尊敬、光荣、财富。在意大利的士兵们！你们会缺少勇气和坚定吗？

本来被笼罩在低迷士气中的士兵们在听到这样一番演讲后，无不满怀希望和信心。就是这样一支部队，取得了迎战反法同盟第一战的全面胜利。他们在15天内取得了6次胜利，夺得了21面军旗，50门大炮，好几处要塞，还占领了皮埃蒙特最富饶的地区，俘虏了15000名敌军，打死打伤敌人10000多人……

然而，战争远没结束，为了进一步激起士兵的勇气，皮埃蒙特之战后，拿破仑又做了一次鼓舞人心的演讲：

士兵们，你们缺乏一切，你们却补充了一切。你们没有炮，却赢得了这些战役；没有桥，却渡过了江河；没有鞋子，却还急行军；你们露宿，可没有烧酒，而且经常没有面包。只有共和主义的军队，自由的士兵，才能经受你们所经受过的艰苦……那些曾讥笑你们困苦、为敌人的胜利而高兴的坏人困窘了，发抖了。但是，士兵们！你们不应该回避这一点：你们什么也没有干完，你们仍然有要干的事。都灵、米兰都没有为你们所占有。你们当中是否有人勇气低落了呢？没有！我们所有的人都要确立光荣的和平，我们所有人都希望在回到他们的村庄里的时候能够骄傲地说：我曾是征服意大利的部队中的人！

这段演讲既有赞扬与肯定，更有激励与期待，拿破仑更大程度地激发了士兵们的尊严和荣誉感。就是这支曾经衣衫褴褛、半饥饿、士气低落和纪律涣散的军队，在拿破仑的带领下，很快成了一支所向披靡的军队。至此，拿破仑真正树立起了自己的权威，并显露出了优秀的指挥能力。

1799年，远征埃及的拿破仑秘密赶回巴黎，他的目标是取代督政府。他发现此时的法国到处是动乱、不安和不满，督政府内是钩心斗角，政府腐败无能，官员贪得无厌……此时的法兰西人民期盼着一个强有力的人物出现，结束这种动荡的局面，并恢复法国昔日的平静和荣耀。

拿破仑第一次见到督政官的代表，就劈头盖脸地进行了一番斥责。其内容精彩，直切要害，丝毫不亚于一场精心准备的演讲：

我为你们缔造了一个光辉灿烂的法国，而你们把法国搞成了什么样子？我为你们创造了和平的局面，而我回来看到的是战争！我从意大利为你们运来了百万黄金，而我回来看到的却是掠夺性的法律和贫困！我为你们取得了胜利，但我回来看到的是失败！你们把我所熟识的十万法军、我的光荣的弟兄们弄到哪里去了？他们都牺牲了！不能让这种情况继续下去了……该是信任那些有权获得信任的国家保卫者的时候了。

拿破仑在用斥责痛击督政府的同时，也为他即将组建执政府揭开了序幕。

拿破仑曾说过："军队四分之三的战斗力是由士气组成的。"演讲就是其激励士气的重要手段。凭借一场一场精彩的演讲，拿破仑巩固了自己的帝国，创造了属于自己的辉煌。

第二章

准备：
给你的演讲"备课"

> 机遇总是站在有准备的人一端。正如建筑工须有蓝图才能够顺利建筑大厦一样，要想完美地施展自己的口才，成功地演讲，事先必须要做好充足的准备。这样，你才能理直气壮地站在台上侃侃而谈，并且做到言之有物、言之有序、言之有情；能更好地表情达意；能更清晰地明是非、传信息，鼓舞人、教育人。
>
> "兵马未动，粮草先行。"准备工作在战争中具有十分重要的作用。演讲如战争，同样也需要做好准备工作。

做足演讲准备，方能信心百倍

在你做一件事之前，如果早有准备，是不是会很自信？而如果没有准备就去做，是不是有些忐忑？

演讲作为一种社交活动，不是简单的一次交谈，是指演讲者在公众场所，以有声语言为主要手段，以体态语言为辅助手段，面对多人侃侃而谈，能表情达意，而演讲的目的要能明是非、传信息，要能鼓舞人、教育人。因此，任何一位成功的演讲者都十分重视演讲前的准备工作，可以说演讲前准备得越充分，演讲获得成功的概率就越大。

一次成功的演讲，总是来自严肃、认真而刻苦的准备。

美国总统林肯曾被美国负责葛底斯堡公墓的委员会邀请致辞。林肯着手准备了两个星期，他首先要来同时要做献辞演讲的在美国享有盛名的学者、演讲家爱德华·埃弗雷特的原稿，反复思考，甚至照相时都在思考。然后，他抓紧时间思索自己的演讲，甚至在办公室里等待最近战役的报告时都在思索；并且随身携带演讲稿，稍有空闲便进行推敲。献辞仪式举行前夜他已改过两三遍了，但还是继续修改，并请秘书提意见。第二天吃过早饭后，他在去公墓参加典礼的路上还对演讲的内容做了最后的修改。

经过林肯认真、细致准备过的演讲感情真挚、内容集中、文辞朴实，感动了在场的每一位听众，使这次演讲大获成功。

有了充足准备的演讲固然能赢得满堂喝彩，反之，那些没有经过认真准备而言辞空泛的演讲就只能落得失败的下场。对演讲者而言，切不可轻敌或忽视演讲前的准备工作。人际沟通大师卡耐基在自己的书中这么说："一个有备而来的演讲者才能获得自信和成功。这就像一个人上战场一样，带着有故障的武器，并且身无弹药，你拿什么去战胜敌人呢？林肯总统也曾说过：'我相信，我若是没有准备好，就是经验再多、年龄再老，我也难以让演讲取得成功。'"

卡耐基的话说得太深刻了。要进行成功的演讲，就必须有充足的准备。否则，未做足准备即出现在听众面前，和没穿衣服一样没什么差别。

如何搜集资料为演讲铺路

演讲稿的写作与文学创作不同，文学创作强调规避先定主题的写作方式，因为这样容易导致人物与情节的脸谱化、公式化，失去文学所特有的丰满与张力。这种"主题先行"的文学创作，已经被当代作家与读者摈弃。而演讲则不同，恰恰需要的是"主题先行"，也就是先定一个主题再进行材料的统筹。

演讲词都有着鲜明的主题，以及讲者自己的主张。有了主题后，再紧紧围绕主题找材料。主题与材料之间的关系是统帅与被统帅的关系，离开主题，材料是没有建筑图纸与方案的一堆沙子、水泥，零散、杂乱，没有任何价值。

如果说主题是演讲的灵魂，那么材料就是演讲的血肉，为了使演讲稿丰满，我们就要在确定了演讲主题后，广泛搜集演讲时所要使用的材料。那么，我们如何有效地搜集材料呢？

选材料是一个技巧活。会选的沙里淘金，不会选的买椟还珠。总的来说，选材有几大原则：真实可靠，有说服力，材料宜新，有典型性。下面我们展开来看。

1. 真实可靠

用一个虚假的事实来证明自己的观点，或支持自己的主张，会让你的演讲变得不可信。在你的材料的真实性上不要想当然，也不要怀侥幸心理，更不要把听众当傻瓜愚弄。网络时代的虚假信息、小道消息更加泛滥，如何鉴别是一种本领。例如，曾经一度有国内媒体指责韩国某媒体，其"罪行"是该韩国媒体称孙中山是韩国人。这则新闻引来不少媒体的跟进。结果，几天之后，真相大白——这是一则假新闻，那家韩国媒体根本就没有说过这样的话。这样的假新闻，要证伪其实不难，但还是有很多知名的媒体"想当然"地轻信了，这个错误对于媒体本身的公信力是一个打击。如果你引用类似的假材料来证明自己的观点，无疑会起到反作用。所以，在你选取材料时，一定要尽量确保材料真实可靠。就算是一时无法证实真伪，也应该忍痛割爱。

2. 有说服力

素材搜集完备后，你需要进行整理。这时必须关注你的主题究竟是什么，检查一下自己是否选择了有说服力的资料。演讲主题应避免空泛，越具体越好。我们前面说过：演讲属于主题先行。因此，你在材料的取舍上首先要看其能否有力地支持主题或为主题服务。凡是更能突出、烘托主题的材料就选用，否则就放弃。

3. 材料宜新

老掉牙的材料不如新材料，因为过去的经验、理论、数据在今天不一定适用。一些著名的演讲大师尤其注重在"新"上做文章，他们的材料里，有"昨天"发生的事，甚至有些是在演讲前几分钟才从报刊或网络上得来的信息。有一家公司正在为上市而做前期准备，公司董事长在召开中上层领导会议时这样说："在我赶来这里的路上，从电脑里得到一个消息——某公司的上市计划受挫。他们之所以受挫，是因为……"这样的讲话，比分析多年前的案例要吸引人得多，而且也具有现实意义。这就给我们提供了一个新的思路——在你的演讲稿写好却还未登场前的那几天，还应该留意一下报纸与网络，如果有最新的相关材料，要及时补充或替换进稿子里。

4. 有典型性

所谓有典型性，就是具有代表性，能够揭示事物的本质。对于偶然的、个别的、表面的东西，应该坚决摈弃。

以上所列的四点，因为考量的角度不同，所以有时也会彼此产生冲突。具体如何权衡把握，要视具体情况而变化。但不论如何，真实性是排在第一位的，对材料的取舍有"一票否决"的权利。

材料的搜集，其实可以变为事前的收集，也就是在闲时做个有心人，将各种自己感觉有价值的材料收集起来。电脑的普及，让这种工作变得方便快捷。对于来自网络的材料（文字、图片或视频、音频），你可以通过复制或下载的方式保存，其他来源的材料也可以通过录入或数据输入的方式保存在电脑中。这个材料库最好分门别类，这样有利于需要时可以迅速准确地调取。

写个很棒的演讲稿

演讲稿是口头传播的文稿，是讲给听众听的，因此，除非是进行专业性的学术演讲，否则要尽量运用口语化的表达，浅显易懂，使听者短时间内能弄明白演讲者的意图。

演讲稿的结构分开头、主体、结尾三个部分，其结构原则与一般文章的结构原则大致相同。这三个部分，要紧紧围绕你所要阐述的主题去创作。

1. 开头

演讲的开头，也叫开场白。演讲的开场白极为重要，如果演讲伊始不能先声夺人，吸引听众，那么后面的言论再精彩也会大打折扣。因此，高明的演讲者在设计开场白时，总是煞费苦心、匠心独运，用新颖、奇趣、敏慧的寥寥数语，在瞬间集中听众注意力，从而为接下来的演讲内容顺利地搭梯架桥。

2. 主体

演讲稿在开头后要迅速转入主体，这是演讲的正文和核心部分，也是演讲稿的高潮所在，能否写好，直接关系到演讲的质量和效果。主体内容的安排，应注意以下几个问题。

首先，要确定结构形式。演讲稿的形式比较活泼，或旁征博引、剖析事理，或引经据典、挥洒自如，或层层深入、或就事论事。结构形式不管怎么变化，都要求内容突出、问题说透、推理严密、层次清晰、情理交融。

其次，要认真组织好材料。演讲稿的理论依据和事实论据的组织安排要适当。首先必须保证例证的真实性、典型性。再者，要设计演讲高潮。一个成功的演讲，不可能没有高潮。而高潮部分要体现三个特点：一是思想深刻、态度明确，能集中体现演讲者的思想观点。二是感情强烈，演讲者的爱恶、喜怒在这里得到尽情展现。三是语句精炼。如何构思演讲高潮呢？一是要注重思想感情的升华。必须对论述的问题有较为深刻全面的分析、论证，在这个过程中演讲者的思想倾向要逐渐明朗，听众就可以逐渐领会演讲者的思想观点，并有可能与演讲者的思想感情产生共鸣，从而使演讲产生高潮。二是要注意语言的锤炼，如使用排比、反问等句式增加气势，也可借助名言警句把思想揭示得更深刻。

主体能否出彩，核心的出发点是要了解听众对象——了解他们的思想状况、文化水平、职业状况等等，了解他们的愿望，了解他们所关心和迫切需要解决的问题等等。

最后，演讲稿主体部分的行文应该有变化，富有波澜。"文似看山不喜平"，平铺直叙的文章让人感觉呆板、单调和乏味，平铺直叙的演讲也给人类似的感觉。

3. 结尾

行百里者半九十。一些演讲者对于结束语不太重视，往往是阐述完最后一个观点后，便说"这就是我所要讲的全部内容"或"我要说的就这些，谢谢大家"。这样做显然是不够的。你的演讲已经走了九十里了，结束语这一步要是走好，一场一百分的演讲才算大功告成！

拜互联网所赐，现在网上各式各样的演讲模板应有尽有。有些人偷懒，干脆上网找个类似的版本，稍微修改修改，就完成了一篇演讲稿。其实，这种演讲模板充斥了大量的套话、空话。与其用这种为了应付而偷懒的方式，不如拒绝演讲更省事。既然答应去演讲，或者不得不去演讲，就要付出真心，抱着敷衍态度而写的演讲稿，是引不起听众的共鸣的。

为你的演讲找点"料"

在演讲的题目选定以后，就要对演讲稿的材料进行搜集了。演讲稿材料的收集情况，直接决定着演讲内容的好坏，所以对于演讲稿资料的搜集一定要重视。

演讲稿资料的收集一般分为两部分内容：直接材料收集和间接材料收集。

直接材料收集是指根据演讲所需内容，演讲者带着很强的目的性，直接从书籍、报刊、文献中获得有用的材料，这是最广泛的材料来源。借鉴这些材料要以敏锐的洞察力对其进行思考、琢磨、提炼，要从中发掘新意，使之具有新的色彩。

比如，有一个演讲者在面对"吸烟有害健康"这个话题时就抛出了这样一段话：

我发现吸烟至少有三大好处。第一，吸烟的人不会遭狗咬，狗一见吸烟的人就会自动逃窜；第二，吸烟的人家里永远安全，小偷不敢进吸烟人的家门；第三，吸烟的人永远年轻，永远不会变得老态龙钟。

在面对吸烟有害健康这样一个科学事理面前，他却独辟蹊径这样开场，其资料的选择新奇和震撼也很有代表性，这样一种新颖的观点一下就把听众的注意力吸引过去了，大家可能要问，吸烟为什么会有以上三大好处呢？

他给出的解释是：第一，吸烟的人多驼背，狗一见他弯腰驼背的样子，会以为吸烟的人正在捡石头砸它呢，所以就快速逃窜了。第二，吸烟的人总是咳嗽不停，小偷半夜来访时，听到不断的咳嗽声，以为主人还没有睡呢，哪里还敢贸然进入偷东西呢？第三，吸烟的人短命的多，所以会永远年轻。

听到这里听众才恍然大悟，演讲者运用反讽的手法让听众在意外中再次感受到了吸烟的危害。所以演讲材料的选择，以及演讲材料的新颖程度对于提起听众的兴趣是非常重要的。

间接材料收集是指不具有直接目的性的材料收集。比如，针对日常生活中我们看到的一些报纸杂志或名人名言、时事新闻等进行习惯性的、常态化的积累。

在日常生活中，我们可以有意地收集一些历史资料，熟记相关的历史事件、人物的有关情况，并分门别类进行整理；有意地收集一些最新资料，并能对当下发生的政治、经济、文化、科技等各个领域的重大事件、重要人物的有关情况了如指掌，进而形成自己的独到见解。除此之外，还要加强记忆，多记名人名言、俗语谚语、古典诗词、经典文学、寓言故事、时文政评等。在演讲之前，还要花时间查阅当地报刊，以了解听众可能关心的问题。

如果你的发言与听众直接相关，则能迅速拉近你与听众的心理距离，听众会愉快地接受你。如马云在谈创业的时候，将"梦想"作为创业的起点，他指出，人光有梦想是不够的，现代社会有很多年轻人都是："晚上想想千条路，早上起来走原路。"于是一生一事无成，就只能成天躺在床上做梦，而缺乏积极的行动。马云用了一个简单易懂且发人深省的道理加以阐述，给听众留下了深刻的印象。从中不难看出，关键是要注意身边的事物，善于运用恰当的比喻。

美国19世纪著名大演讲家维德摩准备了很多信封，把演讲题目写在每个信封上，收集这类的资料放进这个信封，那类资料放进那个信封，需要用到的话可以马上拿出来。林肯经常戴的一顶高帽子，里面放着他随手写的东西，闲暇之余，便取出加以整理，分门别类，抄在本子上，以备将来演讲使用。可见世上高明的演讲家都不是一朝一夕就能取得成功的，他们也是经过了长期的积累、训练，才有了日后卓越的成就。

克服演讲时的心理紧张

很多人害怕当众说话,害怕一上台不知道讲什么,害怕忘词,害怕"出洋相",而这种当着大众说话时所产生的恐惧心理便是"怯场"。美国著名作家、演讲家戴尔·卡耐基毕生从事于演讲教学事业。在他总结自己的演讲体会时曾说:"我一生几乎都在致力于协助人们克服恐惧、增强勇气和信心。"就连经验丰富的演讲者马克·吐温也曾经说过,每次演讲的时候,他都感觉自己的嘴里塞满了棉花,有点不知所云。所以即使是经验丰富的演讲家,在走上演讲台,面对台下众多听众时也免不了情绪紧张。

面对即将上台时的紧张无助,我们可以对自己进行一种积极的自我激励,给大脑以及心理一种良性的自我暗示,这样大脑就会活跃起来,从而产生意想不到的力量。

据说洛杉矶湖人队的教练菲尔·杰克逊在每场比赛之前,都要在家里做最少四十五分钟的临场想象。他让运动员也常做心理训练,想象自己的体能发挥到极致的感觉。

所以,在你登上演讲台之际感觉紧张时,就可以对自己进行自我激励、自我催眠——"我是最好的""我一定能成功""其实没什么大不了"……并想象演讲正在进行中,你就像平时一样地发挥正常,上台、行礼、称呼,运用手势增强演讲的感染力,并微笑着走下演讲台,此时台下响起雷鸣般的掌声。你一回头发现,演讲真的结束了,台下真的掌声一片。

当我们不得不在众人面前演讲,而自己的腿还在为即将上台,在众多不认识的人面前而微微颤抖,内心惶恐不已时,不妨让自己更自信一些,运用积极的心理暗示并用自信的力量来为自己赢得胜利。

第二章 准备：给你的演讲"备课"

如何让扭捏害羞的你在演讲台上显示出自信的风采呢？戴尔·卡耐基在《怎样使你的谈吐更动人》中介绍了一个方法——装作信心十足。

卡耐基认为，自信不是从天而降的，对于不够自信的演讲者来说，不妨从假装开始，装出十分勇敢的样子，用这种英雄气概暂时取代怯懦。时间一长，假的就会不知不觉变成真的了。装出不怕的样子，慢慢地自然就不怕了。人们只要愿意有意去训练自己，都会看到意想不到的结果出现。

著名主持人倪萍在谈起她的主持生涯时说，她永远不会忘记第一次参加春节联欢晚会时的情景。尽管离直播还有一个小时，紧张激动、忐忑不安的倪萍就穿戴整齐地站在通往舞台的过道上。四个多小时的演出，厚厚的一大本串联词，倪萍一遍遍地温习着，一次次地设想着直播中一旦出现了失误该如何去得体地挽回。第一次担任大型晚会的主持人，几亿观众的目光，让倪萍的内心惶恐不安。过道里静极了，倪萍甚至听得见自己心跳的声音。这时，她注意到墙壁上那些灯光，犹如黄昏时迎来的晚霞一样美丽、微弱而坚定。蓦然间，她仿佛看见了母亲的目光，是那种低垂的、慈爱的、鼓励的目光……"我的心渐渐静了下来，感到从未有过的自信，从未有过的光荣，瞬间从这里——这条狭窄、暗淡的过道里升腾起来。"及时镇定下来的倪萍又重新找回了她的自信，并使她快速地摆脱了要上台时的紧张、恐惧，让她最终像一个战士，能够勇敢地接受生活赋予的挑战。

几乎所有的演讲者在正式登台之前，都会像倪萍一样，进行一番心理斗争，并试图让自己平静下来，确保能在放松的状态下进行演讲。而成功的演讲就是心态完全放松与精力高度集中的结合体。

演讲家不是天生的，没有任何人可以做到刚开始登上演讲台就能与听众侃侃而谈，丝毫不会怯场。面对演讲时的紧张心理，在演讲前要把准备工作做足，并多给自己一些积极的心理暗示，充满自信地面对你的听众，下一个成功者就是你！

不妨做个"标题党"

一本书的书名有多重要,演讲的题目就有多重要。一个恰当的题目应当能激起听众对你的演讲内容产生兴趣,并使他们急于洗耳恭听。吸引人的演讲题目一般具有新颖、生动、恰当这三个特点中至少一个特点。

一篇演讲稿,演讲题目的好坏有时直接反映了演讲内容的精彩与否。内容精彩就一定也会有一个精彩的、富有吸引力的题目来吸引听众的注意力;而若演讲的内容平实、无华,那它的题目必定也不会有太大的吸引力。所以,要想有一篇精彩的演讲稿,就得先从题目下功夫,从标题开始就富有吸引力。

新颖的演讲题目,能像磁石一样吸引听众。而司空见惯、屡见不鲜的事物、人物,人们是不易关注的。比如《谁不说我家乡好》《青春在岗位上闪光》等,人们听得厌倦了,很难吸引人。不妨看看鲁迅的演讲题目:《老而不死论》《伟大的化石》《老调子已经唱完》《象牙塔与蜗牛庐》,这样新颖的题目怎会不吸引人呢?

生动活泼的演讲题目,能给人一种亲切感、愉悦感。像前面列举的《老而不死论》《象牙塔与蜗牛庐》等,都非常生动活泼。当然,生动活泼与否主要由主题和内容而定。严肃的主题和内容就不宜用活泼的题目,用了反而会冲淡和破坏演讲的战斗性和严肃性。

所谓恰当的演讲题目,包含两层意思。一是指要适应特定的听众,考虑到听众的思想修养、文化水平、职业特点、阅历等,这样才能投其所好。二是指要适应自己的身份,要选择与自己所从事工作的性质、专业、知识面接近的题目。

一个新颖、生动、恰当而富有吸引力的题目具有以下三个作用。第一，具有概括性。它把演讲的主题、内容、目的全面地反映出来，一讲出来就让人明白内容和主题。第二，具有指向性。题目一讲出来，听众就知道你要讲的是哪方面问题，是政治性的、学术性的，还是伦理道德的。第三，具有选择性。题目能在未讲之前就告诉听众你要讲什么。听众可以据此进行选择听或不听。

至于题目的具体构成，可以以任何语法结构的形式出现。它可以是一个陈述句、一个问题、短语或片段。如下面这些：

房地产的前世今生。

谁是房地产背后的推手。

房地产在发高烧。

价涨量跌表明拐点到来。

选择一个好题目并非一件容易的事，需要长期锤炼，反复琢磨，久而久之就会找到规律。演讲初学者在选择题目时，最容易犯三种毛病。第一种是大话套话，什么内容都喜欢赋予一个崇高的理念，这样的题目让人反感，如《虚度青春是对祖国的亵渎》。第二种是深奥怪异、艰涩费解的题目。这样的题目往往让人摸不着头脑，自然就失去了听的兴趣，如《我对文明之管窥》《葡萄与大学生》《五彩石》等。第三种是宽泛、不着边际的题目，如《自信的我》《理想篇》《论责任》等。这样的题目听众根本捕捉不到演讲的范围和内容，自然也就不会愿意听。

以上说的是一些大而泛之的标题拟订方法，下面我们再具体介绍一些切实有效的小技巧：

1. 用一组令人兴奋的词语，如"社群营销里有大金矿"。

2. 用一首流行歌的名字作标题,如"爱拼才会赢"。

3. 运用类比形式的标题,如"真相如同玫瑰一样带着刺——娱乐圈繁华的背后"。

4. 带有疑问句语气的标题,如"互联网金融到底是馅饼还是陷阱"。

5. 带有挑衅意味的标题,如"让×××与×××休息,我们来合作建房"。

6. 结合最近的某件大事,如"人民币进入贬值通道,我们该怎么办"。

审视形象是否合"礼"

心理学中有一个"晕轮效应",可以引申理解为一个人留给人们的第一印象,往往是人们对其作出判断评价的依据。演讲者一上台,听众首先会通过视觉观察演讲者的形象。因此,设计好自己的外形,让自己看起来像个成功者,是演讲者获取公众信任的一个至关重要的前提。

很多时候,外表可以左右一个人的心态。你只有先从外表上重视了,才会使内心也重视起来。一次成功的演讲就犹如一栋漂亮的大厦,要有良好的外形设计。

尼克松虽然是美国政坛上的老牌政治家,但在1960年美国总统大选时却被贵族家庭出身的肯尼迪嘲笑,说他的着装缺乏品味。

年轻、英俊的肯尼迪是一个很注重自身形象的政治家,他甚至懂得如何利用自己的外在优势获取选民的支持,为自己赢得选票。竞选总统期间,在与尼克松的电视辩论会上,肯尼迪浑身散发着成功者的活力和魅力,谈吐举止间表现出的坚定、自信、沉着和刚毅抓住了选民的心。他给美国公民的外在印象是他不仅能够主宰美国政坛,而且能左右世界格局。当肯尼迪提出

"不要问国家能为你做些什么,要问问你能为国家做些什么"的口号时,顿时激起了美国人强烈的爱国热情。选民相信,肯尼迪是他们心目中最理想的总统人选。

几十年过去了,肯尼迪的外在形象一直让人难以忘怀。他被许多美国人看作是领导者的标准形象,并对后来的总统克林顿的从政经历产生了深刻影响。

古今中外,着装就是一种社会文化,是一个人的文化修养和审美情趣的体现,是一个人身份、气质、内在素质的无言的介绍信。人们通过衣着等构成的外在形象来判断一个人的格调、情商的高低。端庄整洁、雅致和谐的服饰可以表现人的自尊和对他人的尊敬,邋遢不洁的着装则是一种不礼貌的行为。

保尔·拉法格在回忆恩格斯时说:"恩格斯也非常注意仪表,他总是精神抖擞,衣着整洁,就像在普鲁士军队当志愿军时准备参加阅兵典礼似的。我从来没见过像他这样的人,一套衣服能够穿得这样久而一直保持着原来的式样,看起来就像新的一样。"

孙中山曾说,身登演讲台,其所具风度姿态应是衣着整洁、举止大方,还没开口即使全场有肃穆起敬之心。演讲者"最忌轻佻作态,要处处出于自然,有时词旨严重,唤起听众注意,切不可故作惊人模样"。

撒切尔夫人演讲时仪表风度俱佳,衣着雍容而没有过度华贵之嫌,庄重但又不显老态,内心是"铁娘子",而谈吐却温馨柔和,语言保持稳重中拖腔适中。

斯大林演讲时常身着戎装,头发讲究地往后梳,微翘的八字胡中透出威严,手拿烟斗,边讲边自然摇动。

闻一多演讲时一身长袍,一缕长髯,一根白藤手杖,既像学者,又像斗士。

演讲要求演讲者形象好、风度佳，绝对不能蓬头垢面、不修边幅、袖口油污、纽扣错结或花里胡哨、浓妆艳抹、胡须怪异、发式离奇等，这些使观众倒胃口的打扮或形象，自然带来演讲效果不佳。在演讲场合应穿着合体、干净，有时代性，有审美意识，并且符合演讲内容、演讲环境的服装；发型自然丰富有性格特征；双眼灵活并充满智慧，面部表情大方自然；一举手一投足都有优雅迷人的风度，一言一语都显示出高稚、幽默的韵味。这样的演讲者形象才具有足够的魅力，才能征服听众。据说戴安娜王妃便有这种"魔力"，令全英国人为她着迷、沉醉，甚至在她出访日本时，日本公众也对她推崇至极。这不仅来自戴安娜王妃那由内而外散发出的优雅气质，更源自她面对公众时的良好形象。

拥有一个好的形象不仅可以让听众在第一时间接受你，对你产生好感，更能助你在日常生活中博得一个好的人缘，一份好的工作。如果一个穿得很随便和一个穿得很正式的人同时去公司面试，先不论能力如何，就形象而言，多数公司会在第一时间选择那位穿着得体的面试者。

所以，如果你是一个胸中有丘壑，满腹才华的人，就更不应该在形象这一关上让自己拱手相让，败下阵来，空有才华却得不到施展，那不是很可惜吗？

第三章

开场：
牢牢抓住听众的心

柏拉图说过："良好的开端是成功的一半。"出色的演讲总是在开篇便一鸣惊人，立即抓住听众的心。

一场成功的演讲同时也是一场展示美、欣赏美的演出。跟所有的演出活动一样，演讲者一出场就要给人留下深刻的印象。一开始未必精彩，但是一定要出彩，拥有吸引观众注意力的开场白则是最容易出彩的。

以心动人，以情感人

一场成功的演讲既需要理性也需要感性，即以情动人、以理服人。以情动人，"情"即演讲者的感情。演讲的终极目的就是要传播真善美，使听众感动并行动。演讲者要以自己的情感来唤起听众的情感，形成听众与演讲者思想上的共鸣。

在亚伯拉罕·林肯还是一个年轻的律师时，他接受了一桩棘手的案件。这个案件的棘手之处，在于代理人除了自己的证词之外，没有其他任何旁证来证明自己。案件的来龙去脉是这样的——

一个老妇人将一名出纳员告上了法庭。老妇人是美国独立战争时期一位烈士的遗孀，每个月靠领取抚恤金维持生活。不久前，当她像往常那样去领取每月的抚恤金时，出纳员竟要她支付一笔手续费才允许领钱。但是，这笔手续费差不多是抚恤金的一半。这种勒索让老妇人无法忍受，便愤然将出纳员告上了法庭。

老妇人这样的案件，没有律师愿意担当代理。姑且不论老人是否有能力支付律师费，单论她"一面之词"式的控告，就让许多律师头疼而感觉没有任何胜算。但林肯接下了这个案子，他的同情心使他无法拒绝。

但打官司光靠律师的同情心是打不赢的。林肯深知这一点，因此他在事前作了周密的准备。开庭那天，被告对于老妇人的指控矢口否认。这个狡猾的出纳员是口头上进行勒索,并没有留下凭据。情况看上去对林肯这方很不利。

轮到林肯发言了。他并没有一上场就义愤填膺地指责被告,而是用低缓深沉的声音把听众引入到了美国独立战争的回忆,述说爱国志士们是如何忍饥挨饿地在冰天雪地里战斗,直到为自由而流尽最后一滴血。说到动情处,林肯眼里饱含泪水。等到法官、陪审团与听众都沉浸在感动之中,林肯话锋一转——"如今,所有的事实都已成为故事。1776年的英雄,早已长眠于地下,可是他们那衰老而又可怜的遗孀,还生活在我们身边。此刻,她们中的一位老人站在这里,这位老人曾经是位体态轻盈、声音曼妙的美丽少女,现在她变得贫穷和无依无靠。她没有办法,不得不依靠作为烈士的丈夫带来的那一点微薄的抚恤金过日子。但这一点,她也得不到保证,她现在只得向享受着先烈们争取来的自由的我们请求援助和保护。试问,我们能熟视无睹吗?"

在林肯如此动情的演讲下,谁能熟视无睹呢?结果是:在没有其他旁证的支持下,法庭通过了保护烈士遗孀不受勒索的判决,确保了所有烈士遗孀今后再也不会遇到类似的勒索。

高明的演讲是以心交心,用充分的事理来说服别人,用真挚的情感来感动别人,是演讲者和听众在心灵深处产生的碰撞,只有发自肺腑的真情才能真正拨动人的心弦。如果演讲者没有充分的投入,毫无感情,那么演讲也终将会以失败收场!因此,在登台之前,我们应该扪心自问:我的演讲能不能感动自己?只要演讲者有感动自己的真情,听者就不会无动于衷。

那么,怎样在演讲的内容中加入情感因素呢?卡耐基建议:对自己所要讲的问题,设法多知道一点。他认为,你对一件事情知道得越多,你就对它越认真,越热情。他说:"对任何事情,只有在深入了解以后,你才会产生出热情。"

有一次，卡耐基应邀到哥伦比亚大学为一场演讲比赛做评审。当天参加比赛的学生有六七名，每个人都受过良好的演讲训练，准备在比赛中大展身手。可是，他们赢奖心切，虽掌握演讲技巧，却缺乏打动人心的力量。

其中有一位来自祖鲁的王子，谈起了"非洲对现代文明的贡献"。他的每一个字都充满了感情，每一句话都出自他对祖国的情感。最后，卡耐基给了这位祖鲁王子头等奖，他说："虽然他在演讲技巧上还不能跟其他人相比，但由于他的谈话真实，燃烧着真诚。比较之下，其他人的演讲都只不过是煤炉里微弱的火苗。"

有真情才会有激情。想让听众动情，自己必须先动情。可以说，演讲高手都是情感丰富的人。这种情感发自演讲者的内心，表现出明显的爱憎。没有演讲者的情感投入，就不会有听众的情感付出；没有演讲者的情感变化，也就难以激起听众内心的层层情感波澜。

然而，再动情的演讲都离不开事例，想要以事感人、以情动人就必须找准切入点，也就是找准听众对故事的听取视角。从演讲的实践活动看，演讲者只有针对听众的情感倾向，选好"动情点"，并运用有效的言语进行真挚而强烈的情感表达，才能激发听众的情感共鸣。

比如演讲《理解万岁》中有一段话：

将来，大家有机会到前线的话，请去看看我们牺牲了的战友。麻栗坡烈士陵园里，那一排排倒下的战士里面，有1966年、1967年出生的，几年前就为国捐躯了，我们生活在和平环境里的人们能理解他们吗？如何看待他们的价值呢？

选择好演讲的动情点，才能在最大程度上给予听众思想和心灵上的启示和感动，使人们获得强烈的情感共鸣和深刻的思想启迪。

例如，在演讲《战刀传到我手中》中，在讲到一位学长在海拔五千多米的空喀拉哨所因下山背水而牺牲时，是这么说的：

亲爱的朋友们，你可曾知道，在空喀拉哨所，像我的学长一样，因为去小河背水而长眠在雪山上的中国军人就有27名。如果不选择从军，他们也可以成为勤劳致富的开拓者；他们也可以成为商海搏击的弄潮儿；他们也可以在花前月下享受生活的芬芳。可是，他们就因为一桶水悄然无声地离开人世，难道他们的价值就是一桶水吗？

这样的话语能够使听众从强烈的情感共鸣和心灵震撼中自然而然就了解了军人的伟大和无私。

要想你的演讲以情动人，就需要演讲者在准备过程中选择富有感情色彩的内容。但在选择内容时要注意内容的细节是否具有代表性，其次要注意细节是否具有动人心弦的效果。而在选择材料的时候应该先看看内容能否感动自己，只有感动了自己才能够感动别人。

抓住演讲中的"兴奋点"

所谓兴奋点，是指散落在演讲稿中那些富有激情，容易对听众产生较强刺激或引起其高度重视，能产生强烈共鸣的词句。

在演讲中设置兴奋点，不但能有效地引发演讲者的深入联想，有利于增强演讲者的自信心，使演讲更加生动感人，而且会让听众时刻跟着演讲者的思维转。这样，才会形成演讲者与听众之间的强烈互动，达到事半功倍的效果。

1. 酝酿情感，赢得掌声

掌声是演讲当中不可或缺的一项内容。掌声不仅可以活跃会场气氛，还能增加演讲者的自信，形成和演讲者的情感互动，使演讲者获得情感的回报，从而更加认真地投入到演讲当中。不仅如此，掌声的调剂会使演讲产生强烈的现场感染力。因此，起草演讲稿时应有意识地给掌声留出一定的空间。这就需要在演讲稿中主动运用那些带有浓厚感情色彩、充满激情的语言，那些立场鲜明、见解独到、能够给听众以深刻启迪的语言和那些热情歌颂真善美、无情鞭挞假恶丑的语言。这些语言能让听众受到激励、鼓舞和启发，从而自发地鼓掌。

具体而言，一种是感情澎湃、妙语连珠。如闻一多《最后一次讲演》中的：

这是某集团的无耻，恰是李先生的光荣！李先生在昆明被暗杀，是李先生留给昆明的光荣！也是昆明人的光荣！

另一种是"寓情感于情理之中，发掌声于妙语之外"。如朱镕基总理在就任伊始的记者招待会上所言：

不管前面是地雷阵还是万丈深渊，我都将一往无前，义无反顾，鞠躬尽瘁，死而后已！

铿锵的话语赢得了满堂的掌声。

2. 设置兴奋语，达到和听众的心理共鸣

在演讲中要适时地加入一些能够引起听众兴趣和热切关注的事例、名言、佳句，或者是一个见解精辟独到的故事。在演讲稿中，要适当地设置一些能够激发听众强烈情感的兴奋语，"埋设"在演讲稿中，并让这样一些语句顺理成章、水到渠成地拉近演讲者和听众的心理距离，满足听众的心理需要。

3. 打破思维定式，标新立异

打破常规、标新立异是设置兴奋点的好方法。在演讲中针对同一件事，选择以另一个立场，独到的视角来阐述也能较好地吸引听众的注意力。为了使演讲吸引听众，在尊重文化传统和思维习惯的基础上，要对演讲稿进行必要的创新，打破思维定式，要敢于创造，善于借鉴，造清新之气，树时代新风。

外交场合的演讲大多平稳有度，但1972年尼克松来华时，在一次演讲中却说：

长城已不再是一道把中国和世界其他地区隔开的城墙。但是，它使人们想起，世界上仍然存在着许多把各个国家和人民隔开的城墙。长城还使人们想起，在几乎一代人的岁月里，中国和美国之间存在着一道城墙。

听到这里人们不知其来意是善是恶，自然细心聆听下文：

四天以来，我们已经开始了拆除我们之间这座城墙的长期过程。

一句话让人轻轻放下提起来的心，接着掌声雷动。

4. 加大语言强度，提高刺激力度

从生理学角度讲，在额定域值内，人的感官接收外来刺激的强度越大，神经兴奋的程度越高。心理学研究表明，人们最容易记住对自己有重大影响

的、对自己有利的、自己主观愿意记住的或给予自己重大刺激的信息。听众对演讲反应强弱，或者说演讲对听众兴奋程度的影响，一定程度上取决于演讲语言的强度。演讲语言的强度主要取决于演讲者对演讲内容的熟悉程度、对事物的感悟程度、对问题分析的透彻程度和现实立场的鲜明程度。演讲者要尽最大努力把问题看得透彻、准确、鲜明，始终给听众一种压力感和责任感。

如泰戈尔在清华大学的一次演讲开头便说：

我的年轻的朋友，我眼看着你们年轻的面目，闪亮着聪明与诚恳的志趣，但是我们的中间却是隔着年岁的距离。我已经到了黄昏的海边；你们远远地站在那日出的家乡。

相对陌生而又清新雅致的诗句从诗人的口中缓缓流出，哪一个青年能不为之动情、动容，继而不为他的连珠妙语所吸引？他由此展开的、保持纯净灵魂和自由精神的演讲自然就异常深入人心。

设计一个精彩的段落

如果说成功的演讲是一幅美丽的山水画卷，那精彩的内容就是为之泼洒的浓墨重彩；

如果说成功的演讲是一浪浪汹涌而来的潮水，那精彩的内容就是它高高涌起的潮头。

一次成功的演讲不能没有精彩的内容作支撑，就像鱼不能没有水，鲜花不能没有甘露的滋润。

精彩的内容是演讲主题的升华，能给人带来美的享受。演讲的内容若是不精彩，抓不住听众的心，那便成了无源之水、无本之木。

一次成功的演讲，中间部分一定是曲折起伏，时而低沉，时而高亢。而作为精彩的段落，必定是叙事的最生动处，抒情的最激昂处，说理的最深刻处。

美国总统罗斯福在日本偷袭珍珠港的第二天，面对群情激愤的国会议员，在宣布对日宣战前的演讲，连续使用七个"昨天"，历数日本人对夏威夷群岛、马来西亚关岛、菲律宾、威克岛、中途岛的大举进攻，说明美国已处于严峻的形势中。所有的听众群情激昂、热血沸腾，一致赞成即日起对日宣战。一篇演讲若不有意识地掀起两三次情感的波澜，就不能有力地论证中心观点，也不能有效地集中听众的注意力。

不论何种形式的演讲，议论都是演讲内容中必不可少的。要想演讲说服别人，打动别人，设计一段论证深刻、推理严密，并能把一个抽象而深奥的道理深入浅出地表达出来的内容至关重要。只有做到这些，听众才能心悦诚服，懂得你所阐发的道理，相信你阐发的观点，接受你阐述的理论。

1954年，美国著名作家海明威被授予诺贝尔文学奖。他在授奖仪式上的书面发言给人们留下深刻印象的不是独特的"海明威式"的写作风格，也不是真诚的谦虚和谢意，而是石破天惊般的见解："写作，在最成功的时候，是一种孤独的生涯。"接着他用明白晓畅的语言说："作家的组织固然可以排遣他们的孤独，但是我怀疑它们未必能够促进作家的创作。一个在稠人广众之中成长起来的作家，自然可以免除孤独寂寥之虑，但他的作品往往流于平庸。而一个在岑寂中独立工作的作家，假若他确实不同凡响，就必须天天面对永恒的东西，或者说面对缺乏永恒的状况。"没有华丽的辞藻，没有故弄的玄虚，可是态度鲜明而恳切，感情真挚而得体，使精辟的思想坦然地呈现于听众面前。

要想有一个吸引听众的完美演讲，也可选择一段精练而恰到好处的引用。他山之石，可以攻玉。引用，包括别人的语录、名言、诗歌和一段故事。

比如，著名演讲家李燕杰在《爱与美的凯歌》演讲中就有不少精彩的大段引用——有马克思对爱情的见解，马克思之女爱琳娜对她父母爱情生活的评价，有陈毅与夫人张茜、高士其与夫人金爱娣的幸福生活，还讲了文学作品《简·爱》《青春之歌》中的爱情故事，还吟诵了《孔雀东南飞》中描写到刘兰芝、焦仲卿爱情悲剧的诗句，最后展读一对大龄青年热恋中的书信。恰当的引用，不但有力地表现了演讲的中心，揭示了事物的内在规律，而且由于生动、具体、准确，开阔了听众的视野，丰富了听众的知识，给人留下了深刻的印象。并且，这些不断出现的引用一次次地形成演讲过程中引人注目、使人兴奋的聚焦处，犹如一段风景中的若干景点。

但如果你的演讲需要有一段气势恢宏的话语来增强感染力，那么可以在演讲中加入排比句式。排比句是常见的演讲段落的构成方式之一，它可将若干句数、结构大体相同的自然段，分行排列成具有意义段性质的排比段。这种修辞手法，可以集中而完整地反映事物，严密而有力地阐明观点，加强语言的旋律感、节奏感，从而气势充沛而流畅地抒发情感。

1963年，美国著名的黑人运动领袖马丁·路德·金发表的著名演讲《我有一个梦想》中就有几处精彩的排比段落：

然而一百年后的今天，我们必须正视黑人还没有得到自由这一悲惨的事实。一百年后的今天，在种族隔离的镣铐和种族歧视的枷锁下，黑人的生活备受压榨。一百年后的今天，黑人仍生活在物质充裕的海洋中一个穷困的孤岛上。一百年后的今天，黑人仍然畏缩在美国社会的角落里，并且意识到自己是故土家园中的流亡者。今天我们在这里集会,就是要把这种骇人听闻的情况公之于众。

……

我们来到这个圣地也是为了提醒美国,现在是非常急迫的时刻。现在绝非奢谈冷静下来或服用渐进主义的镇静剂的时候。现在是实现民主的诺言的时候。现在是从种族隔离的荒凉阴暗的深谷攀登种族平等的光明大道的时候。现在是把我们的国家从种族不平等的流沙中拯救出来,置于兄弟情谊的磐石上的时候。现在是向上帝所有的儿女开放机会之门的时候。

……

我梦想有一天,这个国家会站立起来,真正实现其信条的真谛:"我们认为这些真理是不言而喻的——人人生而平等。"

我梦想有一天,在佐治亚的红山上,昔日奴隶的儿子将能够和昔日奴隶主的儿子坐在一起,共叙兄弟情谊。

我梦想有一天,甚至连密西西比州这个正义匿迹、压迫成风的地方,也将变成自由和正义的绿洲。

我梦想有一天,我的四个孩子将在一个不是以他们的肤色,而是以他们的品格优劣来评价他们的国度里生活。

在上文这几段话中,先连用三个"一百年后的今天"起头的句子表明"黑人仍无自由可言";在提出这次黑人运动的目的后,又连用四个"现在是"起头的句子阐明现在是实现"自由和正义"的时刻。在演讲即将结束时,演讲者激情满怀地倾诉道:"我仍然有个梦想",紧接着连用四个段落,每段都用"我梦想着"起头构成一组排比段,诗一般的语言,描绘出一幅幅形象的画面,令人神往,令人感奋。

这篇演讲就是一篇激情飞扬、极富感召力的演讲词,其语言的力量主要来自排比句式的运用。这同时是一篇政治演讲词，鲜明地提出了要求自由、民主、种族平等的梦想。演讲文情并茂、语言流畅，那饱满的激情通过形象化的语言表现出来，深深地感染着听众，引起人们的共鸣。

用事实来支撑演讲

在演讲过程中，我们经常需要运用事例来阐述主张，抒发情意。这样做，不仅可以充实演讲内容，丰富主题思想的深刻内涵，而且能够增强表达效果，激发听众情感的强烈共鸣。

1937年10月11日，罗斯福总统的私人顾问亚历山大·萨克斯受爱因斯坦等科学家的委托，在白宫同罗斯福进行了一次会谈。会谈的主要目的是，要求总统重视原子能的研究，抢在德国之前造出原子弹。

萨克斯先向罗斯福面呈了爱因斯坦的长信，接着读了科学家们关于发现核裂变的备忘录。然而，总统对这些枯燥、深奥的科学论述不感兴趣。虽然萨克斯竭尽全力地劝说总统，但罗斯福在最后还是说了一句："这些都很有趣，不过政府若在现阶段干预此事，似乎还为时过早。"

这一次的交谈，萨克斯失败了。

第二次，罗斯福邀请萨克斯共进早餐。萨克斯十分珍惜这个机会，决定再尝试一次。萨克斯知道总统虽不懂物理，但对历史却十分精通。

"英法战争期间"，萨克斯开始谈历史，"在欧洲大陆一往无前的拿破仑，在海战中却不顺利。这时，一位年轻的美国发明家罗伯特·富尔顿来到他面前，建议把法国战舰上的桅杆砍断，装上蒸汽机，把木板换成钢板，并保证这样便可所向无敌，很快拿下英伦三岛。但是，拿破仑却想，船没有帆就不能航行，木板船换成钢板船就会沉没。他认为富尔顿是个疯子，把他赶了出去。历史学家在评价这段历史时认为，如果拿破仑采用富尔顿的建议，19世纪的历史将会重写。"

萨克斯讲完后，目光深沉地注视着总统。他发现总统已陷入了沉思。过了一会儿，罗斯福平静地对萨克斯说："你胜利了！"萨克斯激动得热泪盈眶，他明白胜利一定会属于盟军。

用一大篇枯燥、难懂的科学数据不如直接用故事来支撑你的观点，这样会让你的演讲更加生动形象而且引人入胜，有助于人们从中得出结论。

用事实来支撑演讲时，演讲者也可以在演讲的开头讲述一个事例，然后针对这个事例的思想内容进行阐发，从而导出自己的观点，为接下来的议论和说理奠定基础。例如，一位演讲者在以《诚信无价》为题的演讲中这样说道：

今年1月，电视台在国际新闻中介绍了一位112岁的法国女人瑞的故事。当她90岁时，有律师想要她的房产，许诺每月付给她2500法郎的生活费。不料这一付就是二十多年。直到这位继承人去年去世，老太太还健在，而律师付出的60万法郎，足够买三四套那样的住房。于是，不少法国人把这个故事当作笑话讲，以讽刺律师"贪小便宜吃大亏"的赔本交易。

然而，我倒不觉得有何可笑之处。一个人在已经知道判断失误的情况下，能继续信守诺言，把契约坚持执行到死，保持个人的信誉，并把它看得比金钱更重要，这不正好说明了诚信无价的道理吗？

显然，演讲者讲述的这个法国老太太与律师之间发生的事情，只不过是一个非常典型的个例。然而，正是这个令人发笑的事例，却引起了演讲者冷静的反思和精辟的议论，从而引出了"诚信无价"的观点。这样既真实又生动的事例，无疑增强了演讲的吸引力，激发了听众的兴趣。同时，典型事例引出的独特观点，作为接下来演讲者深入论证的中心，自然就引起了听众强烈的关注和深刻的思考。

用事实来支撑演讲，在演讲过程中运用事例阐发哲理，也就是先讲述一些典型的事例，再阐发其中蕴含的哲理。这样情理交融的表述，往往会让听众获得深刻的人生感悟。例如，北京大学法学院院长朱苏力在一次法学院毕业欢送会上的致辞中，这样说道：

我们就是这样走过来的。我们的陈兴良老师就曾是千岛湖畔的一位民警，白天走家串户，深夜还抱着郭小川或浩然，而牟平姜格庄的大地也一定记得那本梦想署名"卫方"的《春苗》类剧本，甚至十多年前，我们的"老鹤"还曾勇敢下海，尽管几个月后又扑腾着水淋淋的翅膀上了岸。还有我们的姜明安老师、王世洲老师、龚刃韧老师和孙晓宁老师，三十年前都当过或当着军人，也许早早预知了贺老师的批评？复转军人没进法院，都进了法学院，而且是北大法学院。在一个三十年前不曾想到更谈不上热爱的职业中，如今，他们都创造了自己，也正塑造着你们和你们的未来。

听起来有点传奇，但却是我们这代人的经历。不希望你们重复，也不可能重复，前方拐角等着的有你们的传奇。但它还是给你我一些启示：生活和职业，过去不是，今后也不会是个人爱好的光影投射。它是子弹划出的那条抛物线，无论是否连接了击发者和他心中的目标。这是我们所有人的命运：规划人生，却无法完成设计；向往未来，却只能始于现在。

朱院长首先以同学们熟悉的一些老师的独特人生为例，讲述了"我们这代人的经历"，接着以击发子弹为喻，生动地阐明了"生活和职业"与"个人爱好"之间的关系，最后才从"所有人的命运"的哲理层面，启发同学们正确认识和对待人生和未来。毫无疑问，这样运用听众熟悉的人物和陌生的经历的事例,来阐发人生的哲理,会让在场的每一个毕业生都感到既真切又深刻。因为他们在即将步入社会的前夕,聆听导师如此语重心长的叮嘱和言简意赅的告诫,一定会受到思想的启示,从而更加理性地去开创美好的人生和未来。

设计开场,先声夺人

演讲的开场白极为重要。

精彩的开场白主要有以下几种:

1. 奇论妙语,石破天惊

李敖的"神州文化之旅",第一场演讲选在北京大学。李敖在北大这个才子如云的高等学府里的演讲,第一句话居然是"各位终于看到我了"!这句桀骜不驯的话赢得了大家的热烈掌声。

听众对平庸普通的论调都不屑一顾,置若罔闻;倘若发人未见,用别人意想不到的见解引出话题,造成"此言一出,举座皆惊"的艺术效果,会立即震撼听众,使他们急不可耐地听下去,这样就能达到吸引听众的目的。

在某大学的毕业典礼上,校长一开口就让莘莘学子惊讶万分:"我本想祝福大家一帆风顺,但仔细一想,这样说不恰当。"校长故意卖个关子,让台下学子们"嗡嗡"小声交流了片刻,继续说——"说人生一帆风顺就如同祝某人万寿无疆一样,是一个美丽而又空洞的谎言。人生漫漫,必然会遇到许多艰难困苦,比如……"中间的论证我们就不再赘言,总之,他最后得出结论:"一帆风不顺的人生才是真实的人生,在逆风险浪中拼搏的人生才是最辉煌的人生。祝大家奋力拼搏,在坎坷的征程中,用坚实有力的步伐走向美好的未来!"他的开场白摈弃了常见的"一帆风顺"式的吉祥祝福,反弹琵琶,从另一个角度阐述出了人生哲理。第一句话无异于平地惊雷,又宛若异峰突起,怎能不震撼人心?

需要注意的是,运用这种方式应掌握分寸,弄不好会变为哗众取宠。例如,李敖之所以表现得桀骜不驯,是因为他有这个本钱,他的学识与声名匹配他的豪言。而那个校长通过反弹琵琶,也能将道理说得实实在在、深入人心。因此,所谓的"奇论妙语,石破天惊"不是为了追求怪异而大发谬论、怪论,也不能生硬牵扯,胡乱升华。否则,极易引起听众的反感和厌倦。须知,无论多么新鲜的认识始终是建立在正确的主旨之上的。

2. 制造悬念,激发兴趣

人们都有好奇的天性,一旦有了疑虑,非得探明究竟不可。为了激发听众的强烈兴趣,可以使用悬念手法,在开场白中制造悬念,激起听众的好奇心,从而促使听众尽快进入演讲者的主题框架。

某市政府领导在演讲开始时首先向听众提问:"人从哪里老起?"听众纷纷作答,有的人说从脚老起,有的说从脑子老起,会场气氛十分活跃。老先生最后自我作答:"我看我们不少人是从屁股老起。"全场哄堂大笑。老先生继而解释道:"某些干部不深入实际,整天泡在'会海'里,坐而论道,那屁股可遭殃了,又要负担上身的重压,又要与板凳摩擦,够劳累了。如此一来,岂不是屁股先老么?"

这位领导在抨击官僚主义之前,先利用一个提问制造了第一个悬念,调动了全场听众的兴趣,然后利用一个出乎听众意料的自答制造了第二个悬念,使听众在笑声中等待悬念的解开,从而有效地控制了听众的思想和情绪。

制造悬念的开场白,最适用于秩序杂乱的演讲场合。比如,有位学者应邀到某师范学校举办讲座。因为这位学者不是很有名气,所以当时会场秩序比较混乱,学生对讲座不感兴趣。学者见状,上台后并不说话,先是在身后的黑板上写了一首诗："月黑雁飞高，单于夜遁逃。欲将轻骑逐，大雪满弓刀。"写完后他说："大家都知道，这是一首有名的唐诗，广为流传，又选进了中学课本。大家都说写得好，我却认为它有点问题。问题在哪里呢？等会儿我们再谈。今天，我要讲的题目是《读书与质疑》……"这时全场鸦雀无声，学生的胃口被吊了起来。直到演讲快要结束时，学者才给出答案："这首诗的问题在哪里呢？不合常理。既然是月黑之夜，怎么看得见雁飞？既然是严寒季节，北方哪有大雁？可见，读书不能死读书，要有质疑的精神。"既首尾呼应，又与主题紧密结合，这样的开场白真是精彩无比。

3. 震撼出击，扣人心弦

2006年4月，三十多位来自中国内地的著名企业家在香港集体拜会了世界华人首富李嘉诚先生。其中，李嘉诚先生的开场白如下：

当我们梦想更大的成功的时候，我们有没有更刻苦的准备？
当我们梦想成为领袖的时候，我们有没有服务于人的谦恭？
当我们常常只希望改变别人，我们知道什么时候改变自己吗？
当我们每天都在批评别人的时候，我们知道该怎样自我反省吗？

李嘉诚的这四个很震撼的问题，令来访的三十多位中国内地著名的企业家引起深深的思索，不得不屏住呼吸聆听李嘉诚的演讲。

4. 幽默开路，趣味十足

用幽默的语言或事例作为演讲的开场白，能使听众在轻松愉快之中很快进入演讲接受者的角色。某离休老干部在七十大寿时，不少老同志与老部下前来祝寿。老干部在酒席现场作了简短致辞，其开场白是："今天，是我35岁的生日。"众人不解，熟悉的人以为他口误，不熟悉的人还以为他老糊涂了。老干部接着补充了一句："括号公岁。""公岁"这个词汇是生造的，听众在短暂的安静思考后，爆发出热烈的掌声，原来，1公斤等于2斤，那么35公岁也就等于70岁了。老干部的幽默，让大家开怀的同时，还暗中传递了自己不服老的意思。

幽默的开场白，一定要选多数人所不知道的幽默，否则，效果就会大打折扣。此外，注意不要用伤人的幽默，一定要伤人，也只能伤自己——自嘲。胡适在一次演讲时这样开头："我今天不是来向诸位作报告的，我是来'胡说'的，因为我姓胡。"话音刚落，听众捧腹大笑。这个开场白既巧妙地介绍了自己，又体现了演讲者的风度，而且活跃了现场气氛，形成了演讲者与听众的心理共鸣，一石三鸟，堪称一绝。

幽默式开场白切忌低级庸俗的笑话或粗俗的语言，虽然这种开场白也能引起笑声，但这种笑声是听众对演讲者的嘲笑。这种所谓的"幽默"，不仅损坏了演讲主题的价值，也贬低了演讲者在听众心目中的人格形象。

贴近生活，勾人心弦

除了另辟蹊径的开场白之外，有一种开场也能勾动听众的心弦，那就是贴近听众生活的开场白。我们都知道，艺术来自生活更高于生活，任何形式的演讲都离不开生活这个主题。演讲也可以选择与生活相关的事物作为开场白，只有真正与人们的生活密切联系了，才能吸引人们的注意力。例如，一位医生要向听众说明体格检查的重要性，他就可以以这样的方式开端：

诸位，你们知道按照人寿保险的表格，你今生还能够活多少岁吗？据寿险统计学家说：你的寿命，还有你现在的年龄与80岁之差的2/3。比方你现在是35岁，那么你现在的年龄与80岁之差是45岁。那么，你的寿命就是还有45年的2/3。换句话说，就是你还能活30岁。活这么些年够了吗？不，不，我们谁都想多活几年的。然而，这里的表格，是根据几百万人的精确记录制成的，绝对不会有错。那么，你我希望能逃过这个数字吗？只要你小心谨慎，保养适当，一定不难达到这个目的。接下来你应该做的事就是你得常常有一个详细的体格检验……

这样的开场白虽然过于理论化，但却与人们的生命健康息息相关，自然引起了听众的兴趣。

所以，在演讲开端，讲些足以引起听众切肤相关的话，是演讲者人人应该熟记的秘诀。1944年，英国首相丘吉尔在美国过圣诞节时以这样的开头发表了一篇演讲，部分内容是这样说的：

我今天虽然远离家庭和祖国，在这里过节，但我一点也没有异乡的感觉。我不知道，这是由于本人母亲的血统和你们相同，抑或是由于本人多年来在此地所得的友谊，抑或是由于这两个文字相同、信仰相同、理想相同的国家，在共同奋斗中所产生出来的同志感情，抑或是由于上述三种关系的综合。总之，我在美国的政治中心地——华盛顿过节，完全不觉得自己是一个异乡之客……

"本人母亲的血统和你们相同""两个文字相同、信仰相同、理想相同的国家"，连用几个"相同"，丘吉尔的这番话虽然语言朴实但却情感真挚，在第一时间就拉近了英美两国人民的关系，也为他的演讲开了一个好头。

选择用贴近听众生活的语言、文字，贴近听众生活情景，与听众生活密切相关的事物作开场白往往更能唤起听众的共鸣，得到意想不到的收获。

1863年，美国葛底斯堡国家烈士公墓竣工。落成典礼那天，国务卿埃弗雷特站在主席台上，只见人群、麦田、牧场、果园、连绵的丘陵和高远的山峰历历在目。他心潮起伏，感慨万千，立即改变了原先想好的演讲开头，从此情此景谈起：

站在明净的长天之下，从这片经过人们终年耕耘而今已安静憩息的辽阔田野放眼望去，那雄伟的阿勒格尼山隐隐约约地耸立在我们的前方，兄弟们的坟墓就在我们脚下，我真不敢用我这微不足道的声音打破上帝和大自然所安排的这意味无穷的平静。但是我必须完成你们交给我的责任，我祈求你们，祈求你们的宽容和同情……

这段开场白语言优美，节奏舒缓，感情深沉，人、景、物、情是那么完美而又自然地融合在一起。据记载，当埃弗雷特刚刚讲完这段话时，不少听众已泪水盈眶。

亚历山大对马其顿士兵的演讲

亚历山大大帝（前356—前323），马其顿国王，是杰出的军事家和政治家。少时就师从著名哲学家亚里士多德，醉心于荷马史诗中的英雄人物。公元前336年，继承其父腓力二世的王位，时年20岁。他在稳定国内局势之后，于公元前334年，以马其顿、希腊联军最高统帅的身份，组织了对东方的大规模远征，即闻名世界的亚历山大东征，历时10年。

第三章 开场：牢牢抓住听众的心

在东征中，他夺取了叙利亚和埃及，征服了强大的波斯帝国，并南下侵入印度，占领了印度西北的广大地区。就在亚历山大东征事业如日中天，他雄心勃勃准备继续东进时，军队哗变。长期征战，已使部属们感到厌倦，而印度的炎热、暴雨和疾病，则加重了厌战的情绪，于是他们拒绝前进，要求回家。亚历山大万般无奈，于公元前325年班师回国。这篇演讲，就是在哗变发生后亚历山大对部属们发表的——

马其顿同胞们，现在我并不是要阻挡你们回家的愿望。就我个人来说，你们愿意上哪儿去都可以。但是，你们应当想想，假如你们就这样走掉，那你们究竟算是怎样对待寡人的呢？而寡人又是怎样对待你们的呢？因此，我打算先从我父亲腓力说起，这是应该的，也是适当的。腓力起初看到你们的时候，你们不过是些走投无路的流浪汉，大多数人只穿着一张老羊皮，在小山坡上放几只羊。为了这几只羊，还常常和边界上的伊利里亚人、特利巴利人和色雷斯人打个不休，而且往往吃败仗。后来，是腓力叫你们脱下老羊皮，给你们穿上大衣，把你们从山里带到平原上，把你们训练成能够对付边界敌寇的勇猛战士。因此，你们才不再相信你们那些小山村的天然防卫能力，而相信你们自己的勇气。不仅如此，他还把你们变成城市的居民，用好的法律和风俗把你们变成文明的人。腓力使你们当上原先那些欺压你们、抢劫你们财物和亲人的部落的主子，再也不当他们的奴隶和顺民。他把色雷斯大部并入了马其顿版图，夺取了交通便利的沿海城镇，给你们的家乡带来了商业，使你们能安全地开发自己的宝藏。然后，他又让你们当上多年来叫你们怕得要死的色雷斯人的老太爷，他还制服了福西亚人。从你们家乡通往希腊的道路原来既窄又难走，后来他把它修成又宽又好走的大路。过去，雅典和底比斯一直在伺机毁灭马其顿，但他后来降服了他们。我们马其顿不再向雅典和底比斯缴纳贡赋，相反，他们现在必须争取我们的允许才能生存。

现在，我们大家正在分享我父亲腓力的这些功业。后来他又进入伯罗奔尼撒，把那个地方也治理得服服帖帖。然后，他被宣布成为全希腊的最高统帅，远征波斯。他赢得这么高的威望，并不只是为了他自己，主要还是为了马其顿。

我父亲为你们大家完成的这些崇高的事业，就其本身而言，确实是很伟大的；但跟寡人的成就相比，不免显得渺小。我从我父亲手里继承下来的，只有几个金杯银碗，还有不到60塔仑的财宝，可是他欠的债务却多达500塔仑。后来，我自己又借了800塔仑。当时我们的国家不可能让大家过上舒适的生活。就是从这样的起点，我带领你们出发，开始远征。虽然当时波斯人是海上霸主，但寡人还是一举打通了赫勒斯滂海峡。然后，又用我的骑兵打垮了大流士的许多督办，于是就在你们的帝国的版图上加上爱奥尼亚和伊奥利亚的全部区域，福瑞吉亚和利地亚；米莱塔斯是在寡人围攻之下夺到手的；其余各地都是投降的。这些胜利果实我都和你们分享。

对于埃及和西瑞尼，我不费一枪一箭就拿到手，那里的东西都归你们。叙利亚盆地、巴勒斯坦和美索不达米亚现在也为你们所有。巴比伦、巴克特利亚和苏萨也属于你们。利地亚的财富、波斯的珍宝、印度的好东西，还有外边的大洋，通通归你们所有。你们有的当了督办，有的当了近卫军官，有的当了队长。在经历这么多的艰难困苦之后，留给我自己的，除了王位和这顶王冠之外，还有什么呢？除了你们已经占有的和我为你们保存的东西以外，谁也指不出我还有什么财产。我并未为我个人保留什么东西。因为我跟你们吃一样的饭，睡一样的觉——不，对于你们当中有些人，我很难说我跟他们吃的东西一样，他们吃得可讲究呢！我还知道，我每天比你们起得早，为的是让你们安安静静地在床上多睡一会儿。

可是，你们也许认为当你们忍受劳累和痛苦的时候，我自己则是轻闲自在地坐享其成。但我要问，你们当中有谁真正感觉他为我受的苦和累比我为他受的还多呢？或者，你们当中那些负了伤的人，不论是谁，可以把衣服脱下来叫大家看看，我也脱下来叫大家看看。我的全身，至少是前面，没有一个地方没有伤疤。没有一种武器——不管是近距离的还是远距离的，哪个不曾在我身上留下伤痕。这是事实！在肉搏中我挨过敌人的刀；不知道挨过敌人多少箭；还受过弹弓子弹的打击；棒打、石击则更是不可胜数。这一切都是为了你们，为了你们的荣誉，为了你们的财富。我带着你们以胜利者的姿态走遍陆地、海洋、河流、山脉和平原。我结婚，你们也结婚。你们中许多人的孩子将和我的孩子结为血肉相连的亲戚。还有，对你们当中有些人欠的债，我不是好管闲事的人，都未加追究。而你们的薪饷确实也够高，每当攻下一个城镇时，你们还都分了那么多战利品。我实在不明白你们怎么会欠下公家的债。但我不管这些，而是把你们欠下的债务通通一笔勾销。而且，你们大多数都得到了金冠。这是你们英勇功勋的纪念，也是我对你们关怀爱护的象征，是永远磨灭不了的纪念品。不论谁牺牲了，他的死都是光荣的，葬礼也都是隆重的，多数烈士还在家乡立了铜像，其父母受到尊敬，还豁免一切捐税和劳役。

自从我率领你们远征以来，还没有一个人是在溃逃中死掉的。现在，我本来打算把你们当中那些不能再参加战斗的人送回家乡，成为乡亲们羡慕的人，但是既然你们都想回家，那你们通通都走吧！到家之后，告诉乡亲们，就说你们的国王亚历山大打败了波斯、米地亚、巴克特利亚、萨卡亚，征服了攸克西亚、阿拉科提亚和德兰吉亚，当了帕西亚、科拉斯米亚以及直至里海的赫卡尼亚的主人；他曾越过里海关口到达更远的高加索山，渡过奥克苏斯河和塔内河，对了，还有除了狄俄尼索斯之外谁都未曾渡过的印度河，还有希达斯皮斯河、阿塞西尼斯河、布德拉欧提斯河，如果不是因为你们退缩的话，他还会渡过希发西斯河；他还曾由印度河的两个河口闯入印度洋，还越过了前人从未带着部队越过的伽德罗西亚大沙漠；在行军中还占领了卡曼尼亚和欧瑞坦地区；当他的舰队由印度驶回波斯海时，他又把你们带回苏萨。我再说一遍，你们回家之后，告诉乡亲们，就说你们自己总算回了家，但把国王扔下了，把他扔给你们曾经征服过的那些野蛮部族。当你们当众宣布这件事的时候，毫无疑问，这在人世间一定算得上"无上的光荣"；在老天看来，也一定够得上"无比虔诚"。你们走吧！

面对如日中天的事业无以为继，昔日一同并肩作战的士兵纷纷要离开自己时，亚历山大悲凉的心情可想而知。演讲开始，亚历山大回忆马其顿的崛起过程，历数父亲腓力二世的丰功伟绩，并陈述他本人东征的卓越功勋。自征战开始以来，他自己以身作则、克己奉公，吃苦在前，从不享受，对部将多有爱护，容忍他们的缺点，甚至免除他们的公债。他所做的这一切，无非是希望大家精诚团结，勇往直前。于是亚历山大对这些昔日的战友动之以情、晓之以理，用大量的事实来说服和感化马其顿人。

亚历山大演讲结束后，士兵们还待在那里，既不言语，又不动作，也不想走开。第二天，约1万名不宜继续服役的马其顿士兵踏上了回家的路程。亚历山大最终获得了他们的理解和支持。

第四章

举止：
个人修养决定听众印象

我们发现，在各种社交场合，人与人之间的表现大不一样：有的人侃侃而谈，口若悬河，真可谓风度翩翩；有的人畏畏缩缩，结结巴巴，像是理屈词穷。特别是演讲，这种差别就更为明显、突出。其原因固然很多，如知识储备、事先准备、个人性格、当时环境等等，但自信力是一个重要因素。许多著名的演讲家，如林肯、丘吉尔、田中角荣，青年时代口才都不好。林肯年轻时曾在讲台上窘迫不已，甚至一句话也说不出来，直到被轰下台，但他并未失去自信心，更不认为自己是天生的口才低能儿。经过长期努力，演讲水平日益提高，他的就职演讲还被誉为美国历届总统就职演讲中最精彩的演讲之一。

肢体语言决定成败

在工作场合中，人们常常忽略肢体语言的作用，但实际上，在商务场合肢体语言起着至关重要的作用，它是体现一个人整体风格的重要元素。在与某人初次见面的场合最能看出肢体语言的重要性。当你进入某人的办公室时，在30秒钟内，由于不得当的肢体语言，即使装束一切都很得体，你的形象也会受到很大影响，这可能让你精心搭配的外表毁于一旦。

良好的仪态会使你信心倍增。不论坐着或站立，只要你表现出无精打采的样子，就会给别人传递负面信息：缺乏自信、漠不关心、懒散、倦怠。所以最好保持良好的仪态和警觉性，这样也会减少一些可能分心的举动，让你专心于工作中。

演讲时的肢体语言是通过目光、表情、手势、姿态和服饰等配合有声语言一起传递信息、交流思想的辅助工具，属于伴随语言。肢体语言在口语表达过程中，具有重要作用。心理学家研究发现，一条信息的表达等于7%的语言+38%的声调+55%的表情动作。

在演讲时，演讲者不可能纹丝不动，其形体应有活动和变化，构成不同姿态和不同形式，从而表示不同的含义。姿态是演讲倾向的"指示器"。

演讲时一般采用站姿。著名演讲家曲啸在介绍演讲经验时说："演讲者的体态、风貌、举止、表情都应给听众以协调平衡的至美感受，要想从语言、气质、神态、感情、意志、气魄等方面充分地表现出演讲者的特点，也只有在站立的情况下才有可能。"

高尔基在赞扬列宁的演讲时说："他的演讲和谐、完整、明快、强劲，他站在讲台上的整个形象简直是一件古典艺术品，什么都有，然而没有丝毫多余，没有任何装饰。"

老布什家族无疑是美国名副其实的"第一家族"，因为这个家族缔造了两代总统的传奇。要知道，在没有世袭制的西方国家，父子先后在总统大选中胜出的概率几乎为零。不过我们在这里要说的不是这个奇迹是如何难以创造，我们要说的是他们父子在演讲上的得失——主要是肢体语言方面的得失。

1993年，已经当了四年总统的老布什欲连任，他的竞争对手是克林顿。平心而论，老布什在之前四年的任期内做得还是有一定成绩的。在老布什与克林顿的电视辩论中，虽然老布什讲的论点对于美国人民非常重要，但他却不停地看表，让听众感觉他对这个话题与这次辩论十分厌烦。结果老布什输了，将第52届总统拱手交给克林顿。外界认为老布什由于频繁看表丢了总统职位，虽然有些偏颇，但这些小的细节，尤其是肢体语言的细节，累积起来的能量是巨大的。

8年后，老布什的儿子小布什总算帮父亲争回了这口气。他成功赢得竞选，成为美国第54届总统。小布什在总统的道路上走得比父亲更远——2005年，他成功获得连任。

小布什的演讲并不见得很尽如人意，比如经常有"小布什说错话"的新闻见于报端，有人甚至专门收集小布什的口误编成布什语录，并讥笑他为"白字总统"、美国历史上最笨的总统，还说他智商只有91等。

小布什口误频频，但这并未影响他的总统连任，也不影响他到处做演讲。据说他演讲时的手势特别多，讲个话总是用手比来比去。即使经常说错话或错字，小布什毫不受干扰，照样手舞足蹈，紧紧抓住了听众的注意力。媒体评论说，布什的手势，总能贴切地诠释文字。这，就是肢体语言的优胜之处。

在记者会上的每次发言，小布什过多的手势，让气氛从不冷场。肢体语言专家帕蒂·伍德对此表示，这是象征性的肢体语言，当你说话时，姿势也代表了说话的内容。

看来，在演讲上，小布什的肢体语言要比父亲得体与丰富得多，他用肢体语言弥补了言辞上的弱项。通过他们父子之间的对比，让我们不得不意识到：作为一个演讲者，在演讲时要又"演"又"讲"，"演"出好戏，方能赢得信任，走向成功。

在1927年10月电影《爵士歌王》在美国纽约上演之前，电影在默片（无声电影）时代默默地上演了几十年，其中诞生了《战舰波将金号》《淘金记》等经典默片。在默片中，肢体语言是电影里唯一的表达方式。在当时，能否恰到好处地使用各种手势，以及能否巧妙地用身体各部位发出信号与观众交流，是评判演员演技高低的标尺。

默片时代的电影，充分说明了肢体语言在人们交流与沟通中的重要作用，人类在感知上，视觉的冲击力要比听觉强烈得多。国外研究肢体语言的专家认为：在一条信息所产生的全部影响力中，有多半来自无声的肢体语言。

当很多人把口才的功夫几乎全部用在嘴巴发出的声音时，聪明的演讲高手早就意识到了肢体语言的重要性。肢体语言用身体的各种动作，从而代替或辅助口头语言，以达到表情达意的沟通目的。狭义言之，肢体语言只包括身体与四肢所表达的意义。广义言之，肢体语言还可以扩展到穿着打扮。

一个无心的眼神、一个不经意的微笑、一个细微的动作，就可能决定演讲的成败。那些被我们忽略的微小的肢体语言，有着如此之大的魔力，正是这些微妙的肢体语言，决定了我们在演讲中是掌控别人，还是被别人所掌控。

站姿要规范

俗话说，"站有站相，坐有坐姿"，不同的场合要求我们有不同的身体姿势。尤其是在演讲时，端直的站姿不仅表达出对听众的尊敬，同时也展现出演讲者的精神风貌。

洒脱自然、风度翩翩的站姿让人赏心悦目，而漫不经心、粗俗欠雅的站姿让人厌倦生烦。因而演讲时要展现自我的良好形象，表达自我的主体意图，一定要运用好站姿这门独特的身体语言艺术。

通常，演讲者在演讲场合，要做到：挺胸，收腹，精神饱满，气息下沉；两肩放松，重心主要支撑于脚掌和脚弓上；脊椎、后背挺直，胸略向前上方挺起；腿应绷直，稳定重心位置。此外，站姿如能做到以下三点，可能会使你的演讲锦上添花。

首先，可以采用自然式站姿。两脚自然分开，平行相距与肩同宽，约20厘米为宜，太宽会影响呼吸和声音的表达，太窄则显得拘束。这样，既可发出轻松自然的语音，又能使演讲者在演讲的过程中避免由于疲倦而发出嘶哑浑浊的怪音，以及激动导致的尖厉刺耳的高声。

当演讲者要表达强烈的感情，欲与听众产生共鸣时，往往采取"丁"字站法：一只脚在前，一只脚在后，两脚之间呈垂直的"丁"字形，两腿前后交叉距离不宜超过一只脚板的长度，全身力量放在前脚之上，后脚跟略微提起。

其次，可以采用"稍息式"站姿。即一只脚自然站立，另一只脚向前迈出半步，两脚跟之间相距约10厘米，两脚之间形成75度夹角。采用这种姿势，会显得形象比较单一，重心总是落在后脚上。一般适宜长时间站着演讲中的短时姿势更换，可使身体松弛下来，得到休息。由于这种站姿易给人一种不严肃的感觉，因此不宜长时间单独使用。

最后，可以采用"移步式"站姿。虽然演讲在一般情况下较为严肃，但并不拘泥于一些僵直的站姿，有时根据客观需要或演讲内容还可进行小幅度的移步，以求达到动静结合的生动效果。

当演讲者欲表达坚定的信念、殷切的期望、胜利的喜悦或者美好的憧憬等积极因素时，可根据实际情况向前移步；当演讲者欲表达愤怒的气息、痛苦的生活、悲哀的神情或者颓废的思想等消极因素时，可根据实际情况向后退步；当演讲者欲吸引某一方位听众的眼球时，可根据实际情况向不同方位移动。

所谓"站如松"，一个优秀的演讲者，他在演讲的每个时刻，都应予人欣赏唯美雕塑的感觉，给人一种充沛饱满、潇洒端庄的健康形象。身正则气正，首先从站姿上吸引听众的注意力，无疑可以对自己的演讲起到无法估量的收效。

曾有一位教师，不幸患了强直性脊柱炎，脖子不能转，腰不能弯，腿不能屈，上课时整个身体全靠双拐支撑着，但他不悲观，不忧伤，凭着对教育事业的赤诚之心，依然顽强地站在讲台上。学生们看他忍着剧痛，冒着汗在那里讲课，常常激动得落泪。他深情地说：

我的知识是人民给的，我有责任、义务把知识献给人民，所以我选择站立。站在黑板前，眼前永远有我填写不完的未知；站在讲台上，前方永远有我们攀爬不尽的台阶；站在花丛中，今生有我常开不败的美丽……

老师字字句句都透露着他对这份事业的热爱、执着。的确，选择站立的老师才具备站立的灵魂；具备灵魂站立的老师才能培养灵魂站立的接班人。站立是一种姿势、一种使命，更是一种为人师表，是对学生的尊重！

所以，在演讲中，演讲者都要选择站姿，坐着不仅不利于发声，也不利于做手势。同时，站着也表示演讲者对听众的尊重。

丰富你的面部表情，使之能传情达意

一般来说，在演讲者上场的那一瞬间，台下听众看到的是他的整体形象：穿着是否得体，举止是否优雅，等等。这是第一印象。接下来，听众的目光将更多地聚焦在演讲者的面部。

演讲者的表情如"荧光屏"，听众的眼神都集中在"荧光屏"上。因此，观众不欢迎演讲台上有一张如同扑克牌一样一成不变的脸。人面部的每个细胞、每个皱纹、每条神经都表达某种意愿、某种感情、某种倾向。古希腊最著名的演讲家德摩斯梯尼在回答别人提出的关于演讲家最重要的才能是什么时，曾说："最要紧的是表情，其次是表情，再次还是表情。"

1941年，日本偷袭珍珠港后，罗斯福发表对日宣战演讲。演讲中，罗斯福的面部表情非常丰富，有人曾这样评论罗斯福："他满脸都是表情。"这使得他的演讲极具感染力、鼓动力。

人的面部表情是人的思想感情在外貌上的显示，是人的思想感情最灵敏、最复杂、最准确、最微妙的"晴雨表"。一般地说，喜则眉飞色舞，怒则切齿瞪眼，哀则蹙额皱眉，乐则笑逐颜开。

面部表情包括眼神、眉目、脸部、口唇等。它主要是指演讲者通过自己的脸、嘴和眉目所表达出来的感情。人的面部表情是十分生动、丰富和复杂的。根据生理学和神经心理学研究，人的喜、怒、哀、乐等感情在脸上的表露，都是由面部二十四双肌筋的交错收缩与放松造成的。比如：面部肌肉绷紧，多出于严肃、庄重、愤怒、疑问、不高兴的时候；相反，面部舒松则表现一种平易、和蔼可亲、取信于人、理解、友善、感激等感情。

在动作语言中，面部表情和手势一样是最能传情达意的，它是人的内在思想感情在外貌上的体现。正如法国作家、社会活动家罗曼·罗兰所说的那样："面部表情是多少世纪培养成功的语言，比嘴里讲的更复杂到千百倍的语言。"所以，富有经验的演讲者，总是充分地利用面部表情和手势，表达出丰富的思想感情，吸引听众，影响听众，感染听众。

达尔文在《人类与动物的表情》一书中指出："现代人类的表情动作是人类祖先遗传下来的，因而人类的原始表情具有全人类性。"在当今的社交活动中，这种全人类的表情成为交际过程中的重要手段之一，它以最灵敏的特点和共性，把具有各种复杂变化的内心世界表现出来。如高兴、悲哀、痛苦、畏惧、愤怒、失望、忧虑、烦恼、疑惑、不满、得意等思想感情都可以由面部表情充分地反映出来。"喜怒哀乐形于色"就是这个意思，这个"色"就是由面部表情和眼神来决定的。

大文豪雨果说过："脸上的神气总是心灵的反映。"经常看演讲的人都有这样的体会：当我们坐在大厅里观看演讲者演讲时，在他上场的那一瞬间，首先看到的是他的整体形象——潇洒的风度，高雅的气质，大方的步态，得体的打扮等。我们对此一一审视之后，在心中定格出演讲者的形象，但随着演讲进行时间一长，大家的眼睛会聚焦到演讲者的一个部位——脸部。这并非演讲者有一张漂亮迷人的脸蛋，而是因为脸部是感情的"晴雨表"，听众可以从中读懂演讲者的情感世界。

当代著名演讲家、演讲理论家邵守义演讲时脸部表情丰富多彩，丰富的表情后面透露出复杂的思想情韵。

有些演讲者不善于运用自己的面部表情，不管内容如何转折变化，不管感情如何波澜起伏，始终都是一种表情，仿佛面部表情同思想感情的变化毫无关系。这不仅会给听众一种呆滞、麻木的感觉，而且有碍于思想感情的表达。如果演讲者的面部表情不能跟随演讲内容而起伏变化，那么，无论演讲的内容多么精彩，台下的听众都很难"入戏"。

所以说，演讲者在演讲时，他的高兴、痛苦、激昂、悲伤、愤怒、失望、疑惑、烦恼等丰富复杂的内心世界，无不通过面部表情来体现。如果演讲者脸部不能灵敏、及时、充分地表达喜怒哀乐，而只是冷冷的表情，听众也只能回敬以冷漠，演讲效果当然不好。

值得注意的是，脸上的表情要紧扣演讲词中的情绪。通常来说，面部表情的变化先于气氛或心情的转换，并对这种转换进行了预报。

你不需要事先对着镜子练习鬼脸、微笑或怪相，你所需要做的只是在正常表情的基础上略做夸张而已。近距离接触中能发生作用的微妙脸部变化，后排听众是察觉不到的。

要丰富面部表情，就要多掌握一些运用面部表情的技巧，下面罗列一些供参考：

（1）突出下颚表示攻击性行为；

（2）缩紧下巴表示畏惧和驯服；

（3）抚弄下颚表示掩饰不安或胸有成竹；

（4）伤心时嘴角下撇，欢快时嘴角后拉，委屈时撅起嘴巴，惊讶时张口结舌，仇恨时咬牙切齿，忍耐时咬住下唇；

（5）下颚上抬，把鼻子挺出，是傲慢、自大、倔强的表现；

（6）用手摸鼻子，是怀疑对方；

（7）用手摸耳垂表示自我陶醉。

面部表情是最微妙的情感"晴雨表"。人的面部表情贵在四个字：自然、真挚。微笑是演讲中最常见的一种脸部表情，是演讲者自信的标志、礼貌的象征、涵养的外化、情感的体现。在演讲中运用性格开朗和温和的表情，可以建立融洽的演讲气氛，消除听众的抵触情绪，可激发听众的感情，促进听众仔细聆听。

下列场合可运用微笑技法强化演讲效果。

（1）上台与下台时应微笑。这样可拉近与听众的距离，把良好的形象留在听众心中。

（2）表达赞美、歌颂等感情色彩时应微笑。要博得别人微笑，自己首先要微笑。

（3）面对听众提问时送上一缕微笑是无声的赞美与鼓励。

（4）肯定或否定听众的一些言行时，可以配合着点头或摇头，面带微笑。

（5）面对喧闹的听众，演讲者可略停顿，同时面带微笑是一种含蓄的批评与指责。

下列情况要特别注意：表达悲痛、思考、痛苦、愤怒、失望、讨厌、懊悔、批评、争论等负面情绪时不宜微笑。

巧妙合理地运用手势语

有一位沟通大师这样说："如果你在演讲时不知道如何运用双手，那么捂住嘴巴是你的手最需要做的。"这句话的意思是如果你不懂得运用手势，那么就不要去演讲。演讲中不善于运用手势的人不少，沟通大师说这样的话，意在用重锤敲响鼓，希望演讲者时刻记住这句话。

手势是肢体语言中运用最广泛的一种。如果我们留意名人的说话或演讲，就会发现在他们身上有一个共同的特点：说话或演讲过程中总是伴随着丰富而多样的手势。千万别小看这些动作，它对增加演讲的精彩程度和力度，催化讲话的投入和充分发挥有着无法替代的作用。

人的双手有非常强的表达能力，它分为自觉的与不自觉的两类。

演讲者的挥手、挥臂、打手势，都代表着一定的意义，是一种辅助性的手势语言。鼓掌表示欢迎，合掌表示祝福；拍手为叫好，举手为宣誓；挥手表示致意或者再见；招手表示来，摆手表示去；伸手表示要东西，把手藏在背后则可能是不给；缩手表示小心，搓手表示难，握手表示问候，甩手表示拒绝，摇手表示制止，摊手表示无奈；双手擦掌表示"干完这件事"；食指对着听话人摇动表示警告；跷大拇指表示夸奖，翘小指表示蔑视；手掌成拳表示决心；手指可以表示数字，手可以比画高度、长度、各种物体的形状大小。

手还能与身体的其他部位配合起来传递信息。用食指刮脸是羞对方；用手摸胡子、摸下巴、拍桌子、拍大腿表示高兴；用手搔后脑勺表示糊涂或者没有把握；急躁时抓耳挠腮又摸鼻子；悔恨时拍脑门抓头发；用食指竖起按在嘴唇上暗示对方别动或别出声；用手放在嘴唇上再朝向对方伸出表示"飞吻"；悲痛欲绝时捶胸脯；毫不畏惧时拍胸脯；用摊手耸肩表示不知道或者无所谓。

不自觉的手势也是常见的。人们用手指不停地敲击桌子，是一种不耐烦心情的流露；有时一个人表面镇静，可是他的手在发抖却泄露了他的激动情绪。

由此可知，"手势语"是借助动作来传递信息、表达感情的一种方式。人们在演讲中，往往需要借助"手势语"向听众传递信息。那么，要怎样才能用好自己的手势语，使手势产生魔力呢？

首先要学会放好自己的手。许多人在不做任何动作时就不知道自己的手该放在哪里，最后导致整个人都显得很僵硬，并让自己陷入尴尬。所以，如何处理手的位置，也是演讲者必须面对的事情。

手应该放在哪里？不同的人应该放置在不同的位置。在台上的时候，一般腰身以下的部位都不要放。有些人大腿或者其他部位感觉不适的时候，就用手去挠一挠，这是非常失体面的举动。还有的人喜欢把手放在裤兜里，这也是很不雅观的，一方面显得不尊重别人；另一方面，有些人把手放在口袋里面，以为别人看不到就可以乱抓，形成这个习惯以后，当自己手不在口袋里面的时候也可能会乱抓，结果被大家看到，影响自己的形象。

手也不能放在裤子旁边，因为人如果紧张，可能会突然抓一下衣服，如果穿着裙子，就会特别难看。穿着裤子时，不要挽起裤角，这也是很不体面的。

不要把手放到背后，这有点儿像小学生回答老师的问题，太规矩了反而让人觉得你的威严不够或者十分呆板。手也不要做任何小动作，因为有些不经意间做出的小动作会显得非常不雅观，比如提裤子、绞衣角等。

如果你在演讲时站在讲台后面，你可以将双手自然地放在讲台两侧。如果没有讲台的话，可将双手自然垂在身体两侧，也可以用手来操作演讲设备，如握住提示卡、笔等。总之，无论在什么情况下，都要让手放对地方。

罗丹说："没有灵魂的手，再强烈的感情也是瘫痪的。"演讲是一门艺术，手势的运用可以说是艺术中的艺术。在演讲中，手势同有声语言和眼神一样，都是表达、交流的工具。它能够补充有声语言的不足或者把有声语言加以强调，能够与眼睛的活动变化协调一致，以共同完成演讲任务，争取演讲的最佳效果。

因此，手势既可以引起听众注意，又可以把思想、意念和情感表达得更充分、更生动、更形象，从而给听众留下更深刻、更鲜明的印象和记忆。

在演讲中有以下几种手势语言：

1. 情意手势语

情意手势语主要用于表达演讲者的情感，使情感表达得真切、具体、形象，起到渲染作用。比如讲到非常气愤的事情，演讲者怒不可遏，双手握拳，不断地颤抖，加上其他动作配合，就展现给听众一种愤怒的情感，既渲染了气氛，又有助于情感的表达。

2. 指示手势语

指示手势语运用简单，表达专一，基本上不带感情色彩，直接指示了演讲者要说的事物。

3. 形象手势语

形象手势语主要用来示意物体形状、大小，给听众一种直观的感觉。比如讲到"袖珍电子计算机只有这么大"，说的同时用手比画一下，听众就可知道它的大小了。这是一种极其简便而常用的手势语。

4. 象征手势语

象征手势语比较抽象，但如果用得准确、恰当，就会引起听众心理上的联想，启发思维。比如讲"青少年是祖国的希望，好比一辆大车正迎着初升的太阳飞驰"时，演讲者可向前方伸出左手或右手，以示"大车"飞驰的方向。

5. 习惯手势语

其他手势语都是演讲者有意识运用的，而习惯手势语却不同，它往往是在演讲者下意识的情况下产生的，其含义不甚明确，有时连演讲者本人也难以说清楚。例如，有一位大学教授上课时，每次碰到忘记某个问题就会伸出右手，朝着自己脑袋上使劲地"啪、啪、啪"敲打几下。虽然问题被他想起来了，但是同学们却被他这副样子逗得哈哈大笑。有的人在演讲中，喜欢一边讲，一边双手不停地搓来搓去，他这种手势已经形成习惯，一时难以纠正过来，一到台上就不知不觉地表露出来，但它给听众留下的印象是不太美观的。

　　需要注意的是，讲话过程中的手势是内在情感的自然表露，而不应是生硬而做作的，否则，不仅达不到表情达意的效果，反而会画蛇添足。当然，常用的手势语言还会有其他一些含义，在运用时，不可拘泥，应自然得体。

　　相同的手势在不同的国家和地区有着不同的甚至完全相反的意思。中国人伸出食指和中指表示"二"，而这个动作在欧美表示胜利和成功。第二次世界大战时，英国首相丘吉尔曾在一次演讲中伸出右手的食指和中指，构成"V"的手势来表示胜利。从此，这一手势就广为流传，凡庆祝胜利或成功时，人人都喜欢打这个手势。然而，丘吉尔当时使用这一手势时是手心向外，在世界其他地方，现在人们往往是把手背朝外，这一手背朝外的"V"手势，在英国却是万万使不得的，因为它所表示的意思不是胜利，而是伤风败俗。在希腊，不仅这一手势不能使用，即使用丘吉尔的手势也会引起麻烦，尤其是在打这一手势时千万不要把胳膊伸得太长，因为那是对人的不恭。

　　因此在演讲中、工作中应当注意自己的手势，不可乱用，宁缺毋滥。对待新的听众应格外留神，最好事先了解清楚客人家乡的风俗习惯与忌讳事项，因为万一搞错，便会产生误会，甚至会酿成大错。

运用手势语的原则

手势是演讲者在演讲时极其重要的工具之一，恰当的手势可非常有效地调动听众的视觉神经。手势的关键在于动作要"饱满"。出手时，动作应干净利索，不要太细碎、拘谨。伸手时，注意肩要处在放松状态，不然动作会有僵硬造作之感。

运用好手势语并不是一件复杂的事情，不需要懂得教条式的规则，只需要借助人的观察能力和常识。手势语是将内在的事物传达给外人，它表达的仅仅是一种思想的结果或是一种情感上的冲动。

手势语的选择与冲动和机智有关。一个优秀的演讲者其手势语会随时间、地点、环境、心情、观众情况的变化而经常变化。很多时候，手势语会根据演讲者的心情和理解的变化做出相应的变化。下面，是运用手势语的几个原则。

1. 要让你的手势与场合适合。演讲者常犯的一个错误就是将小的、亲密的手势，变成了大的、正式的手势。举个例子，在鸡尾酒会上的人们做手势是用胳膊的肘部和手部。面对少量的听众，这样做是可以的，但是在面对很多听众的时候，这样的手势就会显得很小气。如果是在一个很宽敞的地方向一大群听众讲话，你就需要调整一下你的手势，必须将它们放开并且夸张一些。你想要强调重点吗？那么你在做手势的时候，胳膊的运动就应该是从肩膀到手部的大幅度动作。

2. 不要去死记手势。考虑一下你将要用到的手势，考虑一下将它们用在什么地方才能促进你的演讲。但是不要太仔细地去策划它们，并且不要去记手势。美国某文理学院院长阿拉提亚·哈里斯，总能指出哪些演讲者参加过手势学校的培训——因为他们做出的手势看起来很滑稽。她说:"他们的手势要比他们说的话慢两秒钟,你可以看到他们在那里绞尽脑汁记住他们要做的手势,这就像是他们在嘟囔自己的稿子一样。"

3. 在运用手势过程中一定要自然、协调。例如,在某演讲比赛上,一个选手讲完"我们一定会取得圆满成功"这最后一句话时,忽然想起老师说过最后加上一个动作效果会更好,他马上刻意地补上一个手势,结果就显得有点做作了。因此,不要刻意去增加手势的数量。

4. 手势动作要与口语表达密切配合。演讲者的手势必须随演讲的内容、自己的情感和现场气氛自然地流露出来。手势的部位、幅度、方向、力度都应与演讲者的有声语言、面部表情、身体姿态密切配合,协调一致。

5. 要不断地变化你的手势。如果你不停地做出同样的手势,你将看起来像是一个机器人。手势的可预见性将会降低听众们的注意力。不要让你的手势陷入某一个固定的模式,要让听众不断地猜,才能让他们目不转睛地看。

自信是演讲者的基本功

一个牧师到教堂传道,约定的时间过了,但教徒却迟迟没有来。终于,牧师等得有些不耐烦了,他决定到教堂外去看看。走到教堂门口,牧师惊讶地发现了一幕——他5岁的儿子站在大门口,神气地对着排成一列的人群大声说:"要等一下才行!大家排好队!"

原来,前来的教徒都被这个不懂事的小家伙挡在门外。小家伙的脸上冒着汗珠,有板有眼地打着手势,眼睛里显示出不容置疑的神情,而长长的队伍被他指挥得井然有序。他其实是在学习幼儿园阿姨指挥小朋友排队进餐厅的样子。

牧师看了，心里一亮。当天，他临时将传道的题目改成自信。他从自己5岁儿子的这个游戏谈起，问教徒们为什么一个5岁的小孩，能让那么多的大人相信他、听从他的指挥？"因为，他的样子看上去是那么自信！"牧师自己给出了答案。

那么，对于演讲，要怎样才能做到自信而举止从容呢？据专家指出，穿戴得体，善于运用动作语言等是一个非常重要的方面，有时它真能让你变得信心满满。

演讲是一门艺术，除了演讲内容要精彩外，演讲者还应该在着装、佩戴首饰方面下功夫。人们常说"三分长相，七分打扮""人靠衣装，佛靠金装"，这些都说明了着装的重要性。在演讲过程中，学会巧妙地包装自己，把自己最光彩、最亮丽的一面展现给大家，就能为演讲锦上添花，同时，你的举止也会更加从容，彰显自信力。

在演讲台上，所谓的"自信"有两层含义。

一层是狭义上的自信，指自己要相信自己所说的话，也就是要说真话，说心里话，不说谎话、大话。假定一个演讲者预备演讲的题目是"节俭"，如果他自己并未意识到节俭的必要性，他讲起来一定是有气无力的。他必须对于这个题目从内心里表现出热忱来，深切地感觉到节俭是必要的。只有这样，他在演讲的时候每一句话才能掷地有声，才可以令人振聋发聩。

自信的第二层意思，是广义上的相信自己，指的是相信自己的能力。戴尔·卡耐基曾在世界各地开办演讲训练班，他的学生遍布全球。他曾向他的学生征求学习演讲的原因，几千个受训学员的回答言辞虽然各不相同，然而意思大致是一样的，就是："当我被人家召唤着要站起来讲话的时候，不知怎的，我便立刻变得忸怩不自然，而且还有些害怕，以致我不能自由地思考，不能集中注意力；我准备好要说的几句话，也不知怎么，竟然想不起来了。我需要获得自信、镇定和自如思考的能力；我希望能够把我所想的作有条理的记忆，并且能够在普通大众的面前，把我所要说的话，清晰而有力地讲出来。"这些回答归纳起来，就是希望掌握一种当众讲话时能够从容自如的本领。

卡耐基认为，不够自信的演讲者不妨从这样开始：穿干净一点，穿雅致一点，穿得有品位一点，装出十分自信的样子，十分从容的样子，用这种英雄气概暂时取代怯懦，慢慢地就会不知不觉地变成真的勇敢、真的自信、真的举止从容了。

总之，只要你准备得充分，就昂首挺胸走上台去吧，步履矫健些，神态放松些。

当然，并不是穿昂贵的衣服、戴昂贵的首饰就是有魅力，这是片面的理解。在演讲中，只有穿戴得体，灵活运用动作语言，你才可以魅力四射。

丘吉尔：热血、辛劳、眼泪和汗水

温斯顿·丘吉尔是英国保守党领袖，也是画家、演说家、作家，以及记者。丘吉尔曾于1940～1945年及1951～1955年期间两度任英国首相，在第一个任期内曾带领英国获得第二次世界大战的胜利。据传，丘吉尔是历史上掌握英语单词词汇量最多的人之一。他曾被美国杂志评为近百年来世界上最有说服力的八大演说家之一。

第二次世界大战爆发前，张伯伦积极推行绥靖政策，希特勒看透了张伯伦的胆怯和懦弱，一面用外交上的甜言蜜语迷惑张伯伦；一面四处出击，

第四章 举止：个人修养决定听众印象

大举进攻，占领了欧洲大面积的领土，致使英国孤军作战，军事形势十分严峻。在盟军节节败退的情形下，张伯伦被迫宣布辞职，解散政府。当天下午，丘吉尔受到英国女王紧急召见，命令他立即组成新政府。对于女王的这一任命，丘吉尔顿感责任重大，他回到海军部后，立即约见工党和自由党领袖，建议组成战时内阁，并希望在午夜之前，将内阁名单呈报女王。三天后，英国下议院召开特别会议，对新政府举行信任投票。在会议上，丘吉尔发表了下面这篇演讲。

星期五晚上，我接受了女王陛下的委托，组织新政府。这次组阁应包括所有的政党，既有支持上届政府的政党，也有上届政府的反对党，显而易见，这是议会和国家的希望与意愿。我已完成此项任务中最重要的部分。战时内阁业已成立，由5位阁员组成，其中包括反对党的自由主义者，代表了举国一致的团结。三党领袖已经同意加入战时内阁，或者担任国家高级行政职务。三军指挥机构已加以充实。由于事态发展的极端紧迫感和严重性，仅仅用一天时间完成此项任务，是完全必要的。其他许多重要职位已在昨天任命。我将在今天晚上向女王陛下呈递补充名单，并希望于明日一天完成对政府主要大臣的任命。其他一些大臣的任命虽然通常需要更多一点的时间，但是，我相信会议再次召开时，我的这项任务已告完成，而且本届政府在各方面都将是完整无缺的。

我认为，向下议院建议在今天开会是符合公众利益的。议长先生同意这个建议，并根据下议院决议所授予他的权力，采取了必要的步骤。今天议程结束时，建议下议院休会到5月21日星期二。当然，还要附加规定，如果需要的话，可以提前复会。下周会议所要考虑的议题将尽早通知全体议员。现在，我请求下议院，根据以我的名义提出的决议案，批准已采取的各项步骤，将它记录在案，并宣布对新政府的信任。

组成一届具有这种规模和复杂性的政府，本身就是一项严肃的任务。但是大家一定要记住，我们正处在历史上一次最伟大的战争的初期阶段，我们正在挪威和荷兰的许多地方进行战斗，我们必须在地中海地区做好准备，空战仍在继续，众多的战备工作必须在国内完成。在这危急存亡之际，如果我今天没有向下议院作长篇演讲，我希望能够得到你们的宽恕。我还希望，因为这次政府改组而受到影响的任何朋友和同事，或者以前的同事，会对礼节上的不周之处予以充分谅解，这种礼节上的欠缺到目前为止是在所难免的。正如我曾对参加本届政府的成员所说的那样，我要向下议院说：我没什么可以奉献，有的只是热血、辛劳、眼泪和汗水。

摆在我们面前的是一场极为痛苦的严峻考验。在我们面前，有许多许多漫长的斗争和苦难的岁月。你们问：我们的政策是什么？我要说，我们的政策就是用我们全部能力，用上帝所给予我们的全部力量，在海上、陆地和空中进行战争，同一个在人类黑暗悲惨的罪恶史上从未有过的穷凶极恶的暴政进行战争。这就是我们的政策。你们问：我们的目标是什么？我可以用一个词来回答：胜利——不惜一切代价，去赢得胜利；无论多么可怕，也要赢得胜利；无论道路多么遥远和艰难，也要赢得胜利。因为没有胜利，就不能生存。大家必须认识到这一点：没有胜利，就没有英国的存在，就没有英国所代表的一切，就没有促使人类朝着自己的目标奋勇前进这一世代相传的强烈欲望和动力。但是当我挑起这个担子的时候，我是心情愉快、满怀希望的。我深信，人们不会听任我们的事业遭受失败。此时此刻，我觉得我有权利要求大家的支持，我要说：来吧，让我们同心协力，一道前进。

丘吉尔首次出任首相的这篇演讲摒弃了大段地描述自己感激心情的谦辞，一扫这类演讲传统上通常具有的那种客套。演讲开始，丘吉尔直截了当地声明自己接受女王陛下的委托，组成新政府，然后简明扼要地说明了战时内阁的组成，三军机构的充实，以及立即要完成的任命。这种别具一格的开头给人一种鲜明的印象，即新政府对未来信心十足，行动果敢有力，办事富有效率，务实精神极强。对于听惯了张伯伦的和平许诺和外交空谈的英国议员，对于一次次地怀抱希望而最后又落入严重失望境地的英国广大民众，演讲开头的这一番话确实显得气势非凡，它既与战时的那种紧张气氛相协调，又给人们一个强有力的信号——新政府不像前任政府那样软弱无能、崇尚空谈，满足于花言巧语的外交辞令；新政府是一个敢于行动的、负责任的政府。演讲的语言看似平铺直叙，只是如实而简单地交代日常工作，但明白无误地令人感到，张伯伦的绥靖政策彻底结束了，使人精神为之一振，受到鼓舞。接下来，丘吉尔坦率地告诉听众，未来面对的是一场极为痛苦的严峻考验。那么，新政府奉行的政策和追求的目标是什么呢？就职演讲应该对此有明确交代。丘吉尔以自问自答的方式做了十分简明的回答。这一回答并未有什么豪言壮语，也未借用名言警句，但由于在修辞上采用了反复排比、层层递进的句式，因而造就了节奏上的鲜明有力、表达上的慷慨激昂，使演讲的感召力极强，充分表现了新政府临危不惧的严正立场和赢得胜利的英雄气概。丘吉尔回忆这篇演讲时也自豪地说："在我们英国的历史上，没有一位首相能够向议会和人民提出这样一个简明而又深得人心的纲领。"

第五章

细节：
注重演讲中的细枝末节

> 我们选定一个演讲题目之后，首先应当考虑的是：这个题目如何进行解构？如何将自己对题目的兴趣传递给听众，从而引起听众同样的兴趣？如何以自己对题目的感觉和热情去点燃听众内心的感觉与热情之火？如何以自己对题目的精深理解去启迪听众随着这个思路一道共鸣和思索？这些，都关乎演讲的成败，也都同"解题"的方式——入题、破题和点题——紧密相关。"立文之道，唯字与义"，演讲也同样如此，抓住了与入题、破题、点题相关的"字与义"，也就抓住了解题的"牛鼻子"，从而取得理想的演讲效果。

调查研究不容忽视

　　任何一个演讲者都希望自己的演讲能获得成功，希望自己的演讲具有真情实感，希望自己提出的主张、见解能为听众所接受。事实上，真要做到这一点，事先不做调查研究是不行的。

　　可以说，做调查研究是首要的，也是必须的。因为演讲是建立在对一系列相关内容进行深入细致的调查研究基础上的。如果不调查、不研究，不能做到心中无数，就不能做到有的放矢，也就不可能使自己的演讲产生实际的效果。要知道，那种脱离实际、脱离听众的高谈阔论是永远不会受到欢迎的。

　　那么，该如何做演讲前的调查研究呢？通常要事先调查如下几个方面的情况：

　　（1）了解听众所在地区、所在单位的中心任务，该地区、该单位领导者的工作意图和部署。

　　（2）了解人们普遍关心和最感兴趣的问题。包括了解当地存在的主要问题是什么，人们苦恼什么，需要什么，希望什么，关注什么。

　　（3）了解该地区、该单位有哪些可以振奋听众精神的先进典型，包括当地听众所熟悉的活生生的先进人物和感人事迹等。

　　（4）了解听众的政治素质、文化水平、年龄结构以及主要的思想倾向等。

换个角度来看，如果你要演讲，无论如何，你都应该首先明确下面几点：

（1）听众的年龄范围和比较集中的听众年龄段（尤其是非常年长或非常年轻的听众）；

（2）性别构成；

（3）宗教信仰；

（4）民族（听众中有多少人是汉族或少数民族）；

（5）他们是否有听力障碍。

这些信息都关系到演讲稿的内容、长度和结构。利用这些信息，你可以避免让绝大部分听众感到厌烦、迷惑或不愉快。

比如，如果听众是孩子们，那么你必须选择一个能够为他们所理解的主题，并且用通俗易懂的方式表达出来，而不能用高人一等的口气对孩子们说话，这会招致他们的厌恶。

孩子们对逻辑和顺序有着惊人的判断力，所以你必须特别关注演讲的这些方面。如果你正在向孩子们阐述论据，那么你必须清楚地说明自己所支持的观点（尽可能频繁地使用"因为"这个词，这很有帮助）。如果你打算讲述一个故事，那么一定要采用正确的叙述顺序。

或许，你想通过引人注目的视频辅助设备或展示品来吸引孩子们的注意力。但是，一种更有效的吸引注意力的方法是让孩子们参与到你的演讲中。要制造让他们回答问题的机会，或者最起码让他们有举手的机会。

在对其他类型的听众发表演讲时，这种常识性的思考方式也会起到很关键的指导作用。比如，面对青少年和年轻人，你的举止要与自己而不是他们的年龄相称。面对上年纪的人，不要摆出一副要人领情的样子。年长的听众往往比年轻听众更具智慧，而且他们的知识面更广。你要迎合他们的经验和智慧。面对宗教团体和少数民族听众，如果你不是他们中的一分子，那么就不要假装自己是，你尤其要注意，避免使用带有排外色彩的语言、论点，以及具有攻击性或盛气凌人的言论。面对有听力障碍或口语不流利的听众，说话时要比平常加倍小心（删减演讲词的常规内容），不要过分追求"文学"效应。

如果听众中有女性，不要使用纯粹的男性用语，而且不要开一些侮辱女性或大男子主义的笑话。女性通常比男性更富有想象力，她们有能力针对任何问题思考更多的论点和立场。如果你试图说服以女性为主的听众，那么就应该设法回避那些坚决的还原论者的论点，例如"如果你不支持A立场，这意味着你一定赞成B立场"。

罗索·康威尔有一个著名的讲演，题目为《如何寻找自己》，他先后就这个题目讲过近六千次。人们也许会想，重复这么多次的讲演应该已经根深蒂固地印在讲演者的脑海中了，讲演的字句与音调可能不会再变了。其实不然，康威尔了解听众的背景各异。他觉得，必须使听众感到他的讲演是个别的、活生生的东西，是专门为这一次的听众而作的。他如何能在一场接一场的讲演中成功地维持着讲演者—讲演—听众之间活泼愉快的关系呢？他这样写道："当我去某一城或某一镇访问时，总是设法尽早抵达，以便去看看邮政局长、旅馆经理、学校校长、牧师等，然后找时间去同人们交谈，了解他们的历史与他们拥有的发展机会。然后，我才发表演讲，对那些人谈论，就得使用他们当地的题材。"正是这些扎扎实实的调查研究，才使他很快地进入角色，从而走向成功。

选材要精挑细选，增强说服力

一个人要是缺乏说服力，拥有再好的想法也白搭。演讲更是如此。

历史上最伟大的成就都是说服力的最佳体现。恺撒大帝与拿破仑能够成功创立帝国，都得益于他们能说服他人服从领导。哥伦布说服了西班牙女王伊莎贝拉，让他往西边航行，到达东方的印度；然后又说服她赞助船只的费用。奴隶出身的美国废奴主义者弗雷德里克·道格拉斯写道："如果我能说服他人，我就能扭转世界。"最后他说服林肯总统发表了《解放黑人奴隶宣言》。

如果缺乏说服力，又会怎样？

接下来，我们来看看复印机之父的坎坷经历——

切斯特·卡尔森是一位聪颖过人的美国物理学家，但他的说服力令人不敢恭维。他第一次尝试说服他人是刚从名校加州理工学院取得物理学学位时。当时，他联系了82家公司，也得到了面试机会，但因为无法有力地推销自己，没有得到任何一家公司的聘用。于是卡尔森继续学习，取得了更多的学位，最后终于在纽约的贝尔实验室找到了工作，然而他的职业生涯依旧平淡无奇。

在贝尔实验室的专利部门工作时，卡尔森的主要任务是将不同的专利介绍版本重新进行人工输入，并绘制新的图样。为了节省时间，避免重复做同样的事情，他积极寻找一种更好的方法。为此，他在闲暇之余独自摸索。1937年，卡尔森终于在他家的厨房内，利用光导电原理，创造出世界上第一项影印技术，并取得专利。

即便如此，许多年过去了，卡尔森还是无法让别人对这项发明发生兴趣，因为他的说服能力欠佳。他无法让别人相信这是一个产品。年复一年，他绞尽脑汁游说各家公司。这些公司包括IBM、柯达、通用电气以及美国无线电公司等，但一点进展也没有，没人相信他的发明极具价值。直到1959年，一家名为哈罗依德的公司根据卡尔森的设计，推出了第一台复印机。

两年后，哈罗依德改名施乐，复印机产业从此诞生。

卡尔森发明了一个了不起的产品，却因为缺乏说服力，花了整整22年的时间才找到一家愿意投资的公司！有市场需求且能彻底改变世界的产品，比如计算机、打印机以及传真机的前身，在发明之后的二十年的时间内均无人问津。你看，说服力重不重要？

演讲是一门艺术，它能够从多个方面反映一个人的综合素质。一场成功的演讲，需要注意的细节比较多，尤其是演讲的内容要有一定的说服力，才能激发听众的兴趣，抓住听众的注意力。而细挑材料就是增加演讲说服力的最好的方法。

比如在演讲中适当引用名言警句，不仅能够为演讲增色，还能引起听众的高度注意，产生名人效应，增加演讲的说服力。有一篇以《人无信则不立》为题的演讲稿是这样讲的："《论语》中有'与朋友之交，言而有信'的说法；宋代大理学家程颐也说'人无忠信，不可立于世'。还有'一言既出，驷马难追''一诺千金，一言百系'等，讲的都是一个道理，即要言而有信。"这里引用了一系列中国古代有关"诚信"的名言警句，有力地证明了"诚信"是中华民族的传统美德，引导听众认真听下去，并深深思考：自己做到"诚信"了吗？

再比如一篇以《宽容》为题的演讲稿讲道："众所周知，宽容是中华民族的传统美德之一。宽容就是从大局出发，不计较个人恩怨得失。法国著名

第五章 细节：注重演讲中的细枝末节

作家雨果说得好，'世界上最宽阔的是海洋，比海洋更宽阔的是天空，比天空更宽阔的是人的胸怀。'但要真正做到宽容，却不是一件容易的事。"这里引用雨果的名言恰当说明了"宽容"的重要意义，听众会不自觉地反省自己的言行。

演讲的目的是希望听众能够与自己的意见达成一致，形成情感上的共鸣。演讲的一条重要原则就是以理服人。你如果只讲一些理论，或者是一些普通的人和事，很可能会令听众感到缺乏吸引力。因此，演讲者要学会通过引用经典事例来充实演讲的内容，增加演讲的说服力，把听众深深地吸引住。

如一篇以《自信》为题的演讲稿如此讲道："曾几何时，刘邦、项羽目睹秦始皇浩浩荡荡的出游队伍、富丽华美的车帐、威风八面，遂生雄心万丈的自信，'大丈夫当如此也''彼可取而代也'。于是，汉高祖立千秋帝王大业，楚霸王成万古悲壮英雄。诗人李白自信，他发出了'天生我才必有用，千金散尽还复来''仰天大笑出门去，我辈岂是蓬蒿人'的感叹，便有壮丽辉煌的诗章千古流传。巴尔扎克自信，放弃家人为他选定的职业，毅然走上创作道路，终有惊天动地的《人间喜剧》彪炳千秋。一代伟人毛泽东更自信，他高唱'自信人生二百年，会当水击三千里''数风流人物，还看今朝'，万水千山，披荆斩棘，铸造了共和国的辉煌，带来了亿万人民的幸福……"这里连续引用了刘邦、李白、巴尔扎克、毛泽东等名人的经典事例，有力地证明了"自信"的价值及意义，不得不让人信服。

再如一篇关于《勤奋是成功之母》的演讲稿是这样说的："但丁在流放的艰苦条件下创作了《神曲》，从35岁开始写，一直到逝世前不久才完成，历时21年。西汉司马迁从42岁开始写《史记》，到60岁完成，历时18年。如果把他20岁后收集史料，实地采访等工作加在一起，这部《史记》花费了他整整40年的时间。曹雪芹著《红楼梦》，'披阅十载，增删五次'，才写完前八十回。由于贫病相加，伤痛过度，没到50岁就去世了。"这里引用了但丁、司马迁、曹雪芹完成巨著所花费的时间，让听众从这些数字中认识到了勤奋的内涵，感受到了成功的来之不易。

对材料的精挑细选，能增加演讲的说服力，能吸引听众的注意力。但在引用时一定要注意材料的准确性，事例的典型性，并且引用要适度。否则，就可能达不到应有的效果。

根据演讲稿的类型有目的地选材

如果说主题是演讲的"灵魂"，那么材料就是"血肉"。所谓材料，即指演讲者为阐述自己的观点、主张，为了说明自己的主题所选取的论据及事实。

演讲失败的原因不外乎所讲的主题缺乏有力的材料加以佐证，不能打动听众。因此，在准备演讲稿的过程中，必须要根据设定好的演讲稿的类型，有目的地选材。

一般来说，演讲根据内容、目的的不同，演讲稿也具有不同的形态，有报导、说明、论辩、答谢等类型。总的来说，演讲稿的特征可以概括如下：

1. 内容上的现实性

演讲稿是为了说明一定的观点和态度。这个观点和态度一定要与现实生活紧密相关。它讨论的应该是现实生活中存在的并为人们所关心的问题。它的观点要来自身边的生活或学习。材料也是如此，它得是真实可信，是为了解决身边的问题而提出和讨论的。

2. 情感上的说服性

演讲的目的和作用就在于打动听众，使听者对讲话者的观点或态度产生认可或同情。演讲稿作为这种具有特定目的的讲话稿，一定要具有说服力和感染力。很多著名的政治家都是很好的演讲者，他们往往借助于自己出色的演讲能力，为自己的政治生涯铺路。

3. 特定情景性

演讲稿是为演讲服务的，不同的演讲有不同的目的、情绪，有不同的场合和听众，这些构成演讲的情景，演讲稿的写作要与这些特定情景相适应。

4. 口语化

演讲稿的最终目的是用于讲话，所以，它是有声语言，是书面化的口语。因此，演讲稿要"上口""入耳"，它一方面是把口头语言变为书面语言，即化声音为文字，起到规范文字、有助演讲的作用；另一方面，演讲稿要把较为正规严肃的书面语言转化为易听易懂的口语，以便演讲。同时，演讲稿的语言应适应演讲人的讲话习惯，同演讲者的自然讲话节奏一致。

一般的书面文章是作用于个体的，即一篇文章即使要传阅也得一个一个读者轮流看，而不可能同时有几个人甚至一群人一起看一篇文章；演讲则是一篇文章讲给大家听。如果某个读者对书面文章里的观点或表示方法有异议，他可以看了一半就放弃，不会影响他人；演讲则要注重现场效果，如果阐述的观点是错误的，使用的语言是不得体的，那么，就会引起听众的议论，破坏现场效果。

因此，要选好演讲材料必须遵循以下几点原则：

1. 要选择能充分表现主题的典型材料。典型材料是指那些最鲜明、最有代表性、最能反映事物本质的材料。只有这样的材料，才能以一当十，以小见大。

2. 选择能充分表现主题的新颖材料。由于新颖材料是鲜为人知的，往往具有很大的吸引力，如能利用一系列新人、新事、新成果、新情况等新奇的材料，准确、传神地讲出道理，那必将对主题的证明更加有力。

3. 选择有针对性的材料。演讲者必须要了解听众，并从听众的实际出发，有针对性地选择材料，才能唤起听众的听讲热情和兴趣。这种针对性包括：一是要针对不同场合、不同听众的具体特点，具体兴趣爱好，使用不同的材料；二是要针对听众的文化程度，把材料具体化、形象化。多选择听众看到、听到、感觉到的材料，即使是深奥的道理，也要以通俗化的材料来说明；三是要选择符合听众心理和需要的材料，使这些材料和听众的切身利益结合起来；四是要选择那些向听众指明行动方向的，能够教给听众行动手段及方法的材料，这样的材料，能使听众为之激动、感奋。

4. 要选择真实、准确的材料。真实、准确的材料是指那些不是编造的、虚假的、偶然的、个别的、表面的材料，而是能反映客观事物本质的材料。切不能为使演讲生动、吸引人，就杜撰一些趣闻、轶事。在材料的使用方面，应坚持一个"活"字，力求做到构思布局繁简适度，笔墨着力浓淡相宜，情调色彩生动活泼。这样，整个演讲就会有波澜起伏，有层次变化，给听众留下鲜明的印象。

在精选演讲材料时，还要注意以下几个问题：

1. 针对性要强，审题要准。演讲的内容必须有针对性，一般来说，演讲都会有一个规定的主题，就像学生写作文时的命题作文一样，比如《我与班组》《美在生活中》《知识改变命运》等。当然，有时候主题会比较宽松一点，就像半命题作文那样，在比较宽泛的范围内，由演讲者自己选择切入点，比如《纪念红军长征70周年》《改革开放带来的变化》等。在选择材料时一定要紧紧围绕已经确定的主题，绝不能游离主题之外任意发挥。比如，要求你围绕的主题是《我与班组》，你在选材的时候却只字不提你所在的班组，而是写企业、写车间、写其他班组，这就太离谱了；或者写的是自己的班组，但写的都是别人在班组中的情况，只字不提自己在班组中的感受，那也离题了。所以，选择材料和学生写作文是一样的，首先要审题，要有针对性，要有目的性，要弄明白这个主题要反映的是什么，应该从哪个角度入手。

2. 内容要紧凑，要有个性。一般的演讲比赛都有规定时间，超过规定时间是要扣分的。那么，要在有限的时间里完整地阐述自己的观点并给听众留下深刻的印象，就必须在内容的选择和表达上下功夫。尤其在比较宽泛的主题面前，你会觉得可供选择的实例太多，要表述的内容太丰富，这时，你就要学会"取舍"，要善于从众多的实例中挑选那些最能衬托主题的例子，以精练的语言来表达。如有家单位在"七一"前夕举办了一次演讲比赛，主题是《重温入党誓言》，许多人在演讲中都回顾了自己当初面对党旗、举起右手、庄严宣誓的情景，并决心要继续保持共产党员的先进性，在工作中真正起到先锋模范作用。这样的内容都没错，但太平了，没有个性。有一位门卫的演讲却令人耳目一新，他简要回顾了自己当年在部队入党时的情景，然后，话锋一转谈到了自己转业后来到这个事业单位，没有专业技能，也不思上进，只能当门卫，当了门卫还感到委屈，一直闹情绪，觉得"怀才不遇"，重温了入党誓言，就像给自己敲响了警钟，找到了努力方向，决心振作起来，自我加压，加快"充电"步伐，争取再立新功。这样的演讲有血有肉、有个性，赢得了听众的一片掌声。

3. 举例要确切，能打动人心。演讲材料为了表达主题，必须要有确切的例子作论据；光有例子还不够，还要善于选择那些最能打动人心的例子，不能以空洞的理论来说教。首先，所举的例子要与主题相吻合。其次，所举的例子要有新意，所谓"人云亦云不云，老生常谈不谈"，如果要引用古代的例子，必须要有独到的见解；如果要引用当今的例子，最好是自己所熟悉的；如果要引用发生在自己身上的例子，则应该是对他人有启迪的。比如有家单位举办的演讲比赛主题是《读书——我选择的生活方式》，一位盲人选手上台演讲，他讲述了自己独特的读书方式，即通过听广播、读盲文书籍来充实自己。如果他光讲这个过程，那么，听众仅仅是佩服、同情而已，但他从自己的读书经历中提炼出了人生感悟，说明在人生的道路上每个人都会遇到困难，有的困难还看起来是难以逾越的，但只要不被困难所吓倒，那么，再大的困难也是能够克服的。这番富有哲理的论述，就对广大听众很有启发，这样的演讲无疑是成功的。

整理材料要细致

　　信息材料可谓浩如烟海，要想在其中找到自己所需要的信息，而又不迷失其中，首先要有明确的方向，这就要做到有的放矢，即懂得哪些渠道是可靠的，哪些渠道或方式会让我们的查找更加便捷，在哪里能找到我们所需要的材料。这些方面的能力将在演讲材料的整理中起作用，而这种能力习得的过程首先需要耐心和细心。

　　材料的类型很多，按照其固有形式可分为文字材料、数字材料、声音材料和图像材料。具体包括：书籍、期刊、报纸、剪报、特种文献、统计年鉴、统计表格、唱片、磁带、地图、图片等。

　　整理材料通常可从两个方面进行：

　　1. 整理材料。指及时地把收集的材料系统化、条理化，将零碎的材料集中、分类。

　　2. 鉴别材料。其实就是进一步地整理材料，按照去伪存真、去粗取精的方法，将表象与实质、典型与一般、分量重与分量轻的材料，一一区别开来，力求使保留的材料"精""准""深"。

当然，有时候还可以边整理边查找，比如，可以向个人借阅，前往博物馆、展览馆、商场等场所收集材料。另外，上网也是一个好办法，只要掌握了一定的搜索方法，输入关键字，运用搜索引擎，一下子就能找到许多相关的信息。

用什么方式整理材料，要根据演讲的主题需要而定，查找的范围应该是由近及远逐步扩大的，如从家里的图书开始查，到图书馆再到其他的场所。随着科技的发展，一些图书馆还配备了电子检索系统，会让查阅更便捷。

如果所需要的内容很少，可以用作摘录的方法进行记录，查阅百科全书及辞典之类的工具书，一般是带着问题去查，如想了解某一人物、某一专业术语、某一个事件等，查《新华字典》比较方便，如果要查找某一年的某一事件、数据，就可以查阅相关的《年鉴》。

查阅整理材料不是件容易的事，需要有一定的技能，而这一技能是在不断地查阅整理过程中积累起来的，必须亲自去尝试才能掌握，任何人都不能替代。查阅整理材料时不仅需要耐心、细致、仔细，还需要经过慎重的考虑，并按照一定的程式去做，而不是到图书馆东抄一段西抄一段。为了便于演讲，可采取下面一些行之有效的方法。

1. 制作资料卡片

用卡片的形式进行材料目录的登记，便于快速查找。要从收集到的大量材料中摄取有用的资料，就必须对材料做一番去粗取精、去伪存真、由表及里的处理工作。主要包括：去除假材料，去掉重复、过时的材料，保留那些全面、完整、深刻和正确阐明所要研究问题的有关材料，以及含新观点、新材料的资料，但对孤证材料要特别慎重。

2. 为材料排序、编目

如果收集到的材料比较多，还需要对材料进行分类、排序与编目。为了今后演讲时查阅更方便，一般采用首字母开头的方式进行编目。每一条目上一般要写出该材料的出处，包括作者、书名、出版社、出版日期、在何处查阅等。

3. 对材料进行了初步的整理后，接下来的工作就是对材料进行阅读、消化，并将有用的记录下来，实际上就是对材料进行精加工的过程。

总之，要养成习惯，标明自己采用的任何一条参考渠道的来源，把所有渠道的完整书名记下来，记下期刊编号或出版地，记下你在自己的演讲过程中永远不会提到的细节问题，这样做看起来似乎毫无必要，但是习惯性地记下所有信息有助于你在再次需要查阅资料时会非常便利。

在浏览卡片目录或期刊检索时准备一个小型的笔记本，把每条可能用到的参考信息的作者姓名记下来。在作者姓名下面写出书名、期刊名称和日期等关键词，在左边记下索书号。预留出完整的书名、作者姓名和出版情况可能占的地方，留出空白以便必要时补充添加。

当你已经记满几页纸，前后翻一翻，浏览一遍，挑出你愿意进一步详细查阅的书籍。这样做也许会浪费几张稿纸，但是从长远来看可以为你节省很多时间，你不必专门再把它们从随手涂画的纸条抄到新的笔记卡片上，也不必再跑到图书馆补充剩余的书目信息。

记住：引证一定要准确，避免歪曲资料或断章取义。尤其要明确哪些是你的看法，哪些是客观事实。不仅要指出原文引用的出处，还要指出你所引用的他人观点的出处。

需要采访时，要为每次采访准备名录卡片，说明接受采访者的姓名和采访日期。在听采访录音或整理采访笔记时，把这些内容记在卡片上。当你为此积累了大量卡片，还要学会把它们按照诸如历史、起因、解决方案等题目进行归类，并把关键词依次记在卡片上，这样才算是真正为演讲做了充足的准备。

收集数据要精确

许多人讲话太含糊，经常讲些模棱两可的话，让人不知所云，难以捉摸。

有不少公司经常讲，"努力让客户满意"，那么满意的标准是什么？做到什么程度客户就满意了？应该把满意的标准精确地表达出来，比如使客户的满意度提升到98.7%，这就是个具体数字，要让它尽量地精确，尽量地具体。企业经常说节约开支，到底节约到什么程度呢？说不清楚。那么，最好把它再具体一下、精确一下，比如各项业务和管理费用比原计划削减10%，这就是个精确的具体的数字。

很多人为什么对"9·11事件"记忆犹新呢？虽然它已经过去了很多年，大家仍然记得这一事件，是因为当时所有的媒体都在告诉我们：2001年9月11日上午9点，恐怖分子劫持了两架飞机撞击纽约的世贸中心，随着剧烈的爆炸声立即燃起熊熊大火，顷刻间，举世闻名的两座摩天大厦轰然倒塌。大家都记住了那天发生了什么事情，因为当时所有的媒体在介绍的时候，使用的都是很精确的数据。当你每次演讲的时候，要想有说服力，让大家记住你表达的内容和观点，就要精确、具体，举例说明，不断地重复。

要收集精确的数据，我们首先要自问几个问题。

1. 为什么要收集这些数据？

思考这个问题的原因在于，收集特定资料的动机可能会影响到这些资料的可信度。比如某位候选人的工作小组所进行的统计工作是为了表明这位候选人得到了选民的普遍支持，其主要目的在于打击对手，而不是向公众展示选举的实际情况。这就是动机不纯的例子，可信度自然会大大降低。大部分人对出于强烈的求知欲而进行的调查比较信任。如独立的民意测验、时事调查、来自科学家和学者的调查，虽然他们也许做不到毫无偏见，但比起商品促销员或者特定目的的鼓吹者，要客观多了。

2. 什么时候收集的数据？

这一点很重要，一定要确保你所收集的数据是最新的。很多数据就像市场价格一样每天都在变化，不加留意，有时候数据资料在演讲时就已经过时或失效了。

3. 数据是怎样收集的？

在收集数据时，要尽可能地搞清楚一项研究的设计和开展的详细情况。不要整段引用某个二手材料而感到万事大吉，要尽可能查找这一研究的原始材料。

4. 避免误导性的数据

我们知道语言有时是模棱两可的，但人们普遍认为数字是直白的。比如，人们对于2+2=4这个等式没有任何疑问。然而，数字也可能同样模棱两可，使那些粗心大意的人陷入统计的误区。

例如，某公司每个部门平均有十二台电脑。实际上，财务部有四十台电脑，而其他部门大多只有一台或根本没有电脑。这样的报告看似精确、直白，却同样误导人。这说明，当几种极端情形扭曲了分配时，采用平均值的办法是不适当的。在这个例子中，我们一般更倾向于用中位数或众数，当然它们也有可能被滥用，同样应引起注意。

收集数据主要有两个主要途径：

1. 直接数据。这是演讲者在日常生活、工作、训练和学习中所见所闻、所思所感的数据。它是演讲者自身通过对社会生活的观察、体验、感受和调查研究所得到的第一手材料。

2. 间接数据。这是演讲者从报刊、书籍、文献、广播、电视中得到的数据，可称为第二手材料。

另外，如果演讲内容涉及未来事件的发生时间，那么为了吸引注意力，一个行之有效的方法就是确定具体数值。我们不妨比较以下两种表达：

按照现在的破坏速度发展下去，到2030年，亚马孙热带雨林将完全消亡。

按照现在的破坏速度发展下去，2029年7月5日当地时间下午5：37，亚马逊热带雨林的最后一棵树将被砍下。

演讲的真实可信是演讲产生较强感染力和说服力的基础。只有在事实以及基于事实的一系列基本判断真实可信的条件下，才能得出富于说服力的结论。这就是说，恰当地引用数据不仅能够使演讲变得形象生动，而且能够大大增强演讲本身的说服力。

善于就地取材

演讲怎样才能"出彩"呢？

"就地取材"是个比较有效、便捷的方法，它以眼前的人、事、景等作为即兴讲话生发的"触点"，不但便于快速构思，而且可以巧妙过渡，把听众自然地带入到你的讲话中，使讲话更有现场感、更具活力，增添几分睿智和情趣。

1. 就"现场听众"取材

演讲者每次讲话都要面对不同的听众，而且同一次讲话所面对的听众在年龄、身份、职业、教育程度等方面也有所不同。演讲者如果善于从听众身上取材，就会因所讲的内容贴近听众，而使他们乐听爱听、入耳入心。

在一次某省机关部门召开的"有关即将退休干部情况通报会"上，该省分管干部管理工作的林书记，在谈到前不久一位即将退休的干部因晚节不保而锒铛入狱的案例后，他放下手中的讲稿，即兴插了这样一段话："趁这次机会，我想提出十六个字，与在座的同志共勉。这十六个字是养心健体，继续学习，保持晚节，发挥余热。主要是保持晚节，就是在即将退休的阶段仍要重视气节，保持气节。有气节，就能坚持正义，不为恶势力所屈服。清末民初的林琴南说过，'为人重晚节，行文看结尾'。晚节不保，是一个人最大的悲哀。要保持晚节，就要防止精神缺钙症，要培养无畏的精神。但对无畏要具体分析，有的人是无私无畏，有的人是无知无畏，有的人是无耻无畏！我们应该培养无私无畏精神，克服无知无畏，反对无耻无畏……"

这位林书记使用的就是就"现场听众"取材的方法。针对通报会听众都是即将退休干部的实际情况，他将与这些同志紧密相连的"养心健体，继续学习，保持晚节，发挥余热"作为讲话的话题，无论是引用名言还是具体展开分析，都紧紧围绕这个话题进行，言谈之中体现了对这些同志的关心和爱护，语重心长，讲到了他们的心坎上。

2. 就"他人讲话"取材

有时候，现场需要讲话、发言的不止一个人，这时，演讲者如果善于从他人的讲话内容中取材，就能既体现出对对方的尊重，又能使自己的讲话显得自然、鲜活。

某市文化局一位领导应邀参加一个"领导干部与市场经济"的研讨会，在听取大多数同志的发言之后，他这样开始他的讲话："以上很多同志做了发言，有的从宏观的角度谈了领导干部怎样去适应市场经济，有的结合工作实际，从微观的角度论证了领导干部在市场经济中如何去搞好服务。前者具有较强的理论性，后者具有较强的针对性和操作性。我认为讲得很好，至少可以说明，在'领导干部与市场经济'这个新的课题中，确实有很多新问题值得我们去思考去探讨。今天我要讲的是……"

上例中，这位领导的一番讲话值得称道。轮到他发言时，他没有像其他人那样直接讲自己的观点，而是机智地从他们的讲话中取材，首先对其他人的观点给予肯定，然后再顺势转入自己的发言，这样既显得他谦虚有涵养，又使得他的讲话自然切题，符合研讨会的氛围。

3. 就"讲者自身"取材

讲话者自身就"潜藏"有讲话的素材，只是人们大都未去发现。如果演讲者能巧妙地以自己的姓名、相貌、爱好等方面为话题即兴发挥，就能使你的讲话别具一格，受到听众欢迎。

有位企业家被调到一家濒临倒闭的工厂任厂长。由于他身材比较矮，不少人对他指指点点，于是，在第一次召开职工代表大会时，他这样讲道："看到我，你们也许心里会发笑。但你们恐怕不知道，我比鲁迅还高两厘米哩！鲁迅先生用犀利的笔杆干出了惊天动地的事业，我也想在自己的事业上大干一番。在今后的任期内，我将和大家'长期共存，互相监督，肝胆相照，荣辱与共'，希望大家支持我。"一席话，引来了现场职工雷鸣般的掌声。

面对职工对自己身材的指指点点，这位厂长没有回避掩饰，而是索性来了个"自我解嘲"，勇敢巧妙地就自己的身材取材，并以鲁迅先生为榜样自喻，表达了他"在自己的事业上大干一番"的信心和决心，使职工代表从他的讲话中感受到他的气魄，从而深受鼓舞，可谓"化腐朽为神奇"的精彩之作。

演讲是一个人学识和胆略的"亮相"，是对演讲者心理素质、应变能力、讲话水平、文化修养等综合能力的考验。如果演讲者能灵活运用"就地取材"技巧，就能使你的讲话形象生动、妙趣横生，从而为你的形象增光添彩。

学会引经据典

经典之所以为"经典"，是因为经受了时间长河的洗礼，被证明是权威的、令人信服的言辞与观点。因此，经典的说服力，几乎是不容置疑的。正是因为经典有着巨大的说服力，所以经常被很多高明的演讲者引用在演讲中作为论据，以增加自己演讲的说服力。这种引用，我们叫"引经据典"。

诗有诗眼，书有书魂，演讲有演讲意境。一首诗有一联名句就可称为好诗；一本书有一句名言，就有阅读的价值；同样，一篇演讲中，如有一句哲理名言，便能使听众受益匪浅，难以忘怀。名人名言是永远闪烁着智慧的光芒的，而名家所具有的影响力也是恒久存在的。因此，演讲者应抓住听众的心理，恰当地引用哲理名言或权威人士的论述，让它们服务于自己的理论观点的论证，加强演讲的说服力量。

2008年5月，俄罗斯新任国家总统梅德韦杰夫到北京大学演讲。他面对六百余名北京大学师生代表，阐述了未来俄中发展战略合作关系的设想和希望。这位被称为"好引经据典"的国家领导人,在演讲中不时从中国传统文化中引经据典,例如《论语》中的"学而时习之,不亦说乎",还有老子的"使我介然有知,行于大道,唯施是畏",甚至中国的俗话也被他用在了演讲中:"中国有句话说'长江后浪推前浪,世上新人换旧人'。高等学府培养一代代学者和思想家,他们肩负在科学、经济、政治、文化领域创造新成就的责任。"

梅德韦杰夫旁征博引、引经据典的演讲,赢得了北大学子们如雷的掌声。

无论演讲者阐发的观点多么标新立异或超常脱俗,几乎都是或多或少地被历史上的名家论述过的。演讲者应抓住听众对历史名家认同的心理,恰当地引用名家权威的论述——即经典,让它们服务于自己理论观念的论证,加强演讲的说服力。

中华文化源远流长,历史的长河中留下了无数璀璨的经典。只要你用心,在演讲前稍加留心,要找到一些支持自己论点的经典并不难。不过,值得注意的是:引经据典时要尽量避免那些晦涩的、生僻的经典,要选择那些听众一听就明白的经典。否则,无论如何经典,大家不明白其意义也是枉费,如果你再为了解释这个经典而费尽口舌,更是不明智。

此外,引用经典要自然,不可生硬突兀,也不要过于频繁。过于频繁的引用,容易给人造成掉书袋、卖弄的嫌疑。

第六章

情绪：
强烈的感染力从何而来

> 哲学家尼采有句名言："对语言的理解不仅仅限于词句，而是连同语句的声音、强度、变化、速度——并表达出来——简而言之，就是言语背后的音乐，就是发自内心的激情。"将激情注入演讲中去，不仅演讲者将乐在其中，还会把听众也带到演讲内容的奇妙世界里。而激情，是每个人天生都具备的。正如著名演讲家卡耐基所说："每个人只要会说话，就一定能成为出色的演讲家。"而强烈的感染力就是成为出色演讲家的必备条件之一。

激情四射，感染听众

什么是感染力呢？感染力就是通过富有激情的演讲，把听众带到演讲者所表述的那个情景世界中。

《林肯在葛底斯堡的演讲》是美国内战期间，林肯为纪念在葛底斯堡战役中阵亡的战士所做的一篇演讲。这是林肯最出名的演讲，也是美国文学中最漂亮、最富有诗意的文章之一。演讲用时不到3分钟，而掌声却持续了10分钟。林肯的这篇演讲被译成中文，也不过只有400多字。

87年前，我们的先辈在这个大陆上创立了一个新国家，它孕育于自由之中，奉行"一切人生而平等"的原则。

我们正从事一场伟大的内战，以考验这个国家，或者任何一个孕育于自由和奉行上述原则的国家是否能够长久存在下去。我们在这场战争中的一个伟大的战场上集会。烈士们为使这个国家能够生存下去而献出了自己的生命，我们来到这里，是要把这个战场的一部分奉献给他们作为最后安息之所。我们这样做是完全应该而且非常恰当的。

但是，从更广泛的意义上说，这块土地我们不能奉献，不能圣化，不能神化。那些曾在这里战斗过的勇士们，活着的和去世的，已经把这块土地圣化了，这远不是我们微薄的力量所能增减的。我们今天在这里所说的话，世人都不大会注意，也不会长久地记住，但勇士们在这里所做过的事，全世界却永远不会忘记。毋宁说，倒是我们这些还活着的人，应该在这里把自己奉献于勇士们已经如此崇高地向前推进、但尚未完成的事业；倒是我们应该在这里把自己奉献于仍然留在我们面前的伟大任务——我们要从这些光荣的英雄身上吸取更多的献身精神，来完成他们已经彻底为之献身的事业。我们要在这里下定最大的决心，不让这些英雄白白牺牲；我们要使国家在上帝福佑下自由地新生，要使这个民有、民治、民享的政府永世长存。

总共400多字的演讲，竟使1500人掉了眼泪。这就是"情"的力量。林肯真挚的感情深深地打动了在场的听众，使他们产生了思想上的共鸣。这篇著名的演讲现在已被铸成经文，作为英文演讲的典范，放在英国的牛津大学里。

用你的激情去感染听众。也许你没有太多可以激励自己的材料，但没关系，只要你对事物仍然具有积极的态度，有一颗激情四射的心，你就能够感染身边的每个人。

一个学生曾经说，他只有收集火柴盒的嗜好。于是老师引导他说了不少关于火柴盒的事，正当他津津有味谈论的时候，老师问他，你为什么不谈谈有关火柴商标的有趣细节呢？于是那位学生充满激情地大谈起来。

这位收集火柴盒的学生，由于忽略了他长年苦心热衷、热烈追求的嗜好，所以才以为自己是无话可谈的人，实在太可惜了。

一个演讲是否能引人入胜，很大程度上取决于演讲者对主题拥有多少兴趣。有了兴趣才能释放更多的激情，从而更好地感染听众。

2016年10月，北京卫视《我是演讲家》节目迎来了决赛，被誉为"青春无敌美少女"的"90后"女生房琪以"保险的力量"为主题,发表了一篇动人的演讲,其中一段在社交媒体上反复曝光,成了一时的热门话题。内容是这样的:

在寻常的日子里,薄薄一份保险合同被挤压在抽屉的底层,甚至闲置在一个被主人忘却的角落里,静静地守候着。五光十色的生活令人目不暇接,谁还会想到它呢?

谁还能看见保险正孕育着强大的力量呢?

当生命之花受到伤害的时候,保险就是一种力量!一种最直接的自我拯救和修复的力量!

当家庭的支柱开始倾斜的时候,保险就是一种力量!一种能将家缓缓扶正的无声的力量!

当我们承受巨大伤痛的时候,保险就是一种力量!一种能带来抚慰,让生者鼓起勇气重新出发的力量!

当风雨过后世态炎凉汹涌袭来的时候,保险就是一种力量,一种能让我们以最富有尊严的方式站起来的力量!

当风险降临的时候,保险就是一种力量!一种以最快的速度兑现公正、公平和信用的力量!

房琪的这段演讲无疑是富有感情的,她用这样一段充满着煽动力的话诠释了保险的作用。许多网友在视频下评论,"因为你的话,我决定给自己和家人买一份保险"。这便是激情的作用,它能让听众受到你的感染,并乐于接受你的观点。

历史上,运用激情来感染听众的例子不胜枚举。孙中山如果没有推翻清朝、建立共和的革命大略,他的演讲怎么会激动人心?鲁迅如果没有揭出社会的病苦，引起人们疗救的深刻意图，他的演讲怎么会震动人们的心魄？丘吉尔如果没有誓与法西斯血战到底、决一雌雄的正义气概，他的演讲怎么会使人同仇敌忾、热血沸腾？

那些袒露个性、发自肺腑、充满热血和泪水的语言，朴实、简练、生动、传神，足以打动每一个正常人的内心。可见，若想让演讲打动人心，方法之一就是用激情来感染听众。

演讲中的"声"化武器

要想使你的演讲具有超强的感染力，就一定不可忽视声音在演讲中的作用。演讲必须声情并茂，用字遣词富于节奏变化是声音协调的一个重要方面。词语和声音配合得好，念起来顺口，听起来悦耳，记起来容易，拥有优美的旋律，就能给人以美感。

古人写诗作文，喜欢用偶句，讲究对称句法。现代汉语没有那么严格，但是适当注意音节配合，可以增强文章的节奏感和气势。

例如，在纪念徐洪刚的演讲中，杨焰写了《人不能只为自己活着》。在这篇演讲稿中，她注意演讲稿的押韵，使演讲稿读起来朗朗上口。"社会是一个大舞台，人人都在这舞台上扮演着角色：有的角色是遗臭万年的，有的却是堂堂正正顶天立地的。他们是人民的英雄，人民景仰他们；还有一些人抱着明哲保身的处世哲学……但是社会的主流是好的，所幸的是在一些人钻入钱眼不能自拔、攀登权峰入危境的今天，仍然有人敢向恶势力挑战，用鲜血和生命捍卫正义、捍卫真善美。"文章主要押在"an"韵上，使整个演讲朗朗上口、富有激情。

由于每个人的声带不同，音色也不一样。音质好的人通过训练可能成为优秀的歌唱家、演讲家；音质差的人更要训练，变不利为有利，才能给人以美的享受。所以，音色训练对每个人来说都是极为必要的。

那么该如何训练自己的声音以求达到更好的效果呢？你可以拿一份演讲稿，甚至一篇书报上的文章来做演讲练习，练习时用录音机记录下来，听听自己比先前有没有进步，还有哪些地方需要改进。同时找来一些成功演讲者的录音带听听，按照原稿内容讲出来，录下来，和那些演讲大师比较一下，思考他们是怎样训练和控制声音的。你要像练习乐器一样，仔细地寻找其中细微的差别与感觉。需要注意的有如下一些要点：

声音是否温润？切忌平直、粗哑、尖利、孱弱的嗓音。尽量使自己的嗓音清脆、悦耳。

注意重音的使用。对于讲话内容的主次，一定要区分对待。对一些重点、关键的词句要使用重音，而对于一些次重点和非重点的部分，语气上则应适当减弱。

声调准确，注意区别。汉语的音节少，加上声调才使许多同音节字得以区别。特别是在口语中，声调成为辨别字的主要成分。因此，口语表达不可忽视声调的准确性，否则会造成表达不准确，甚至全然相悖的结果。

口齿灵活，自然流畅。说一段话需要连续发许多个音节，要使语言自然流畅，又使每个音节清楚准确，需要我们训练口齿的灵活性。连续发音时，舌要在唇、齿、龈、腭等部位来回伸缩，舌尖、舌面、舌根要交替用力，唇要做出圆、扁、开、合、撮、闭等各种动作来控制气流的开放与阻塞，其运动频率是很高的。如果口齿呆滞，唇舌无力就会使语流含混，影响表达效果。锻炼口齿的灵活性可通过朗读规范文字作品的训练方式来实现，由慢到快，经常练习。

养成良好的发声习惯。音质对语言的意义表达和情感传递有很强的制约作用，音色的美感能产生强烈的吸引力，使语言富有魅力。要做到这一点就必须养成良好的发声习惯。

发声时正确的姿势是：挺胸、收腹、提气，颈部、背部、腰部要自然伸直，胸肌放松，用力适中，便于气流通畅运行，以达到良好的共鸣效果，使语音浑厚有力、轻松自然、清晰悦耳。

同时，你还需要注意调节你的声调、用气、音量、语速和节奏。通过强调性重音吸引听众的注意力。

使你的呼吸饱满、均匀、底气充足，忌"虎头蛇尾"、高开低走。

做到每个句子、短语、词汇直至音节发音清晰、准确，达到所有发音效果的极致。

语调平滑、一气呵成，切忌断断续续、杂乱无章。

忌用"嗯""啊""这个、这个……"之类的口头禅。

适当在句中使用必要的停顿。

疑问句应使用升调，陈述句使用降调。

恰当使用重音、停顿、变音、转调和沉默，达到润饰演讲的效果。

要做到让自己的声音吸引听众，就要注意说话时吐字清晰，干脆利落。吐字时由于时间短促，不可能把每个音素都发得那么完整彻底。一般在念字时口形主要落在韵母的元音上，声音处理应是字头短而有力，字腹圆润饱满，字尾和缓渐弱，整个音节干脆利落，不拖泥带水，含糊不清。

想用你的声音感染听众，只有反复琢磨你的声音，像钢琴大师反复琢磨演奏技巧一样。只有加强练习，才能让饱满而有激情的"乐章"，从你的口里传出。

用"转折"让演讲跌宕起伏

演讲,最忌平铺直叙。铺地毯似的演讲很难激起听众的情绪,反而会让人昏昏欲睡。那么怎样才能使演讲波澜起伏、引人入胜呢?

精心设计你的演讲稿,运用"一唱三咏"的方式,如从戴望舒的《雨巷》中走出来的丁香姑娘,让人在读时被其一咏三叹的文字触动。

要想使你的演讲波澜起伏,让人欲罢不能,就得在演讲中处处设置埋伏,激起听众的热情,达到说与听的强烈共鸣。

1. 具有震撼力的开头

用具有震撼力的话作开头,可以在第一时间就表达自己的观点,并使演讲一起始就语惊四座,有力地控住全场,为之后的演讲铺平道路。如维克多·雨果在法国思想家伏尔泰百年祭日的演讲中,开头第一句就说:

一百年前他死了,但他的灵魂却是不朽的。

用一个"转折"句抖起旗帜,推出了自己对伏尔泰的评价与颂扬,轻巧如风,却吹皱了听众心中的一池春水。这夹杂着评价的叙述,是直叙却非平铺,一抑一扬,自然地激起了人们对伏尔泰的怀念和崇敬之情。

2. 巧设急转弯

一些演讲在听众以为会一直平铺直叙下去时,却突然来了一个180度大转弯,在挽回听众注意力的同时,也为演讲增色不少。

请看爱因斯坦《要使科学造福人类,而不成为祸害》开头的一段演讲:

看到你们这样一支以应用科学作为自己专业的青年人的兴旺队伍,我感到十分高兴。我可以唱一首赞美诗,来颂扬应用科学已经取得的进步;并且无疑地，在你们自己的一生中，你们将把它更加推向前进……但是我不想这样来谈。

爱因斯坦在这篇演讲中本来是要讲科学技术给人类进步造成的障碍，但他在唱"不利的反调"之前，先用真诚肯定的话语把人们的情绪调动起来，之后却很巧妙地将话锋一转，说"我不想这样谈"。他巧妙地荡起转折的"双桨"，使"小船"在听众心里"推开波浪"。他到底想谈什么呢？人们急切地想听听他下面的内容。这样，看似平常其实崎岖的开头，就为其演讲平添了诱人的魅力。

3. 运用连续转折，跌宕起伏

在一次演讲邀请赛闭幕式的即兴讲话中，著名语言学家张志公先生真诚评价了参赛的小演讲家"都是李燕杰"之后，说：

说到这个地方，我很想改变一下称呼，但又担心有倚老卖老之嫌，可是感情使我不能顾及这个责备，我还是要将"亲爱的青年朋友"改称"可爱的孩子们""小李燕杰们"……

在这篇演讲稿中，演讲者用一个"但"、一个"可是"来阐述了自己的观点，可谓一波三折，使听众在不知不觉间就接受了他对于称呼的改变，并兴趣盎然地聆听下文。试想，如果他不用"翻转"而直接改变称呼，恐怕还真会让人感到他有"卖老之嫌"呢。

4. 多用排比，起伏连绵

很多演讲者都喜欢在演讲中运用排比的句式。排比句式的运用不仅可以使你的文章奔腾有气势，而且又有着辩证统一的内涵，可以收到连绵起伏的奇效。

例如演讲家刘吉在一次同青年的对话中说，论述过青年成熟的标志：

温柔而不软弱，成熟而不世故，谨慎而不拘泥，忍让而不怯懦，刚强而不粗暴，自信而不狂妄，热情而不蛮干，勇敢而不鲁莽，好学而不盲从，纯真而不清高，敏锐而不轻率。

这段话中用11个转折短语构成了正反对举的排比句式，像雨打芭蕉，声波起伏，高低有序，在听众心里荡出了层层涟漪。

5. 运用哲理，机智转弯

富有哲理的演讲往往更引人沉思。而在哲理中我们也可以设置一个巧妙的转弯，用来串起全文，掀起一个个情感的波澜。

演讲家李燕杰在同青年讲爱情时，在每一层中都使用了类似这样哲理化的警句——青年有爱和被爱的权利，但是，青年人却没有滥用的权利。

当他讲述了自己的看法以后，又用一句"人的生存需要爱，但又并非为了爱才生存"引出下文。接着又以"爱情是美好的，但谁也难保爱情没有挫折"的警句自然地引出了事例。这些言简意赅、闪耀着演讲者真知灼见的哲理佳句，在给人以美的视听享受的同时，又给人以智慧和启迪。

6. 一收一放，漩涡立起

不是所有的文章都有明显的转折词汇。有些是在指明了主旨以后，又用"当然""不过"等词来代替"但是"，婉转地补充前面的内容。这样的好处是避免生硬，而又富有幽默感。

7. 收篇逆"转"，掀起高潮

在演讲"卒章显志"时用转折句收束，可收到征服和鼓舞听众的最佳效果。这样的例子很多，有的是用一个转折句，有的是用多个转折句。黑人演讲家约翰·罗克在反奴隶制协会年会上发表了《奴隶制就是战争本身》的演讲，结尾时他这样讲道：

我们的事业正在前进，正如太阳一样，它常常会被乌云挡住。但我们发现乌云最终是要被驱散的。诚然，在反对奴隶制方面，政府现在的表现，比战争一开始时并未改进很多；但是，在为它本身生存的斗争中，它已经不得不扼住奴隶制的咽喉，并早晚必定要将它卡死！

两个转折句式卷起两个冲天的巨柱，将演讲推向顶峰，产生了一种撼人心魄的力量。

由以上不难看出，用好"转折"则可掀起"波折"，抓住听众的审美情感。但值得注意的是，转折不能滥用，一定要为演讲的主旨服务，否则不仅不会为演讲增色，还会把听众带入迷途。

以良好的心态克服紧张情绪

爱默生说："恐惧较之世上任何事物更能击溃人类。"很多演讲者都会有紧张的情绪，有的人一张口就结巴，有的人上台都一分钟了，还不知道要从哪里说起，还有的人在演讲前紧张得难以入眠。

2008年，凭借《暗算》大红大紫的柳云龙到暨南大学以"每个人心中都有一个鬼"为主题对近百位师生进行演讲。当时来到现场的"师奶粉丝"远比学生多，甚至还有从北京赶过来的粉丝频频献花。

演讲开始后，一身休闲装扮的柳云龙笑着说："头一次对学生演讲，我紧张到吃了8片安眠药。如果讲差了，要怪安眠药……"

既然明星们在演讲时都会紧张，我们普通人在演讲时有紧张情绪就不足为怪了。在公众场合，特别是在不怎么熟悉的场合，紧张的情绪就会油然而生。人们为什么会紧张呢？首先是对演讲氛围的不适应，其次就是对演讲内容的不熟悉。鲁迅曾说过，人们往往在要演讲的时候才想起没时间准备，却在有时间准备的时候没有去演讲。再次是自己不够自信。不自信很可能来自过去某次讲话失败的阴影，或者来自自卑感，等等。然后是对听众过于在乎，这样的人往往很在乎自己的面子，在乎别人对自己的看法，在乎自己的形象，结果反而让自己显得十分拘谨，台下有一点风吹草动，就容易让自己陷入僵局和尴尬。

要想克服演讲中的紧张情绪，你必须要培养以下几种心态：

1. 居高临下的心态

有句诗这样写道："欲穷千里目，更上一层楼。"说的是站得高才能看得远。从演讲的角度看，如果你有了居高临下的心态，就会产生一种优越感，有了这种优越感后，在演讲过程中就会消除紧张心理。

一般说来，父母在子女面前，老师在学生面前，领导在部属面前能够挥洒自如、侃侃而谈，就是前者"站"的位置较高，不是平视，更不是仰视，而是俯视，他们自觉或不自觉地把自己放在主导者的位置上。因此，对于初学演讲的人，要克服紧张，就得逐步养成这种居高临下的心态。在这个问题上，正如卡耐基指出的那样："你要假设听众都欠你的钱，正要求你宽限几天；你是个神气的债主，根本不用怕他们。"

2. 心中无我的心态

培养自己的"无我之境"对克服紧张心理大有益处。说得更具体一点，就是克服怕出丑的心态。怕丢面子是人类共有的心态，在演讲中把面子看得太重，往往面子丢得更大。在演讲之初不妨开一开自己的玩笑，自我解嘲一下。

3. 淡化效果的心态

很多人都希望把事情做得完美一些，他们在演讲中过分看重演讲效果，而结果却常常与期望的相反。

一次，某校两个班级间进行一场辩论赛，其中实力略强一点的班级的4名学生，在大家的呼声中，心理压力很大，有名学生还在赛前不断问老师评判的标准有哪些，自己能否成为最佳辩手。由于他们过于看重比赛的结果，紧张程度也随之增加，甚至出现各自为战，积极表现自我的情况，有的同学因紧张而出现大脑思维断层，使辩论中断。

而另一个班级的4名学生，没有过多考虑结果，而是保持良好的心态，轻装上阵。结果由于这4名学生淡化结果，彼此积极配合而最终取胜。看来，如果演讲者能淡化结果，他的紧张情绪就不会那么强烈。

西雅图酋长的深情演说

这篇160多年前、由酋长西雅图发表的演说，至今读起来仍让人惊心动魄、思绪难平。这个酋长是美国西北地区六个印第安部落的酋长。1854年12月，他对包括准州长、白人移民和大约1000名印第安人在内的集会发表演说。他的讲话是反对州长从华盛顿特区学来了购买印第安人土地这一行为。下面摘录这篇演说中的精华部分——

总统从华盛顿捎信来说，想购买我们的土地。但是，土地、天空、河流……怎能出卖呢？这个想法对我们来说，真是太不可思议了。正如不能说新鲜的空气和闪光的水波仅仅属于我们而不属于别人一样，又怎么可以买卖它们呢？

这里的每一寸土地，对我的人民来说都是神圣的。哪怕是一根发亮的松针，一块海滩的砂砾，一片林中的云雾，一颗清晨的露珠，还是一只鸣唱的小鸟，所有这一切，在我们人民的记忆和现实中都是神圣的。

我们熟悉树液流经树干，正如血液流经我们的血管一样。我们是大地的一部分，大地也是我们的一部分。芬芳的花朵是我们的姐妹，麋鹿、骏马、雄鹰是我们的兄弟，山岩、草地、动物和人类全属于一个家庭。

大河小溪中闪闪发光的不仅仅是水，那也是我们祖先的血液。如果我们放弃这片土地，转让给你们，你们必须记住：土地是神圣的。清澈湖水中的每一个倒影，都反映着我们人民中的历史事件和生活历程。那潺潺的流水声，便是我们祖辈的亲切呼唤。

河流也是我们的兄弟，它解除我们的干渴，运载我们的独木舟，哺乳着我们和我们的子孙。因此你们必须像对待自己的兄弟一样，给予河流以慈爱。

如果我们放弃这片土地，转让给你们。你们必须记住：就如同空气一样，对我们所有的生命都是宝贵的，它给了我们祖先的第一次呼吸，也接受了他的最后一声叹息；同样的，又将给我们每个子孙以及所有的生命以灵魂，因此你们必须保持土地的神圣性，任何人都可以享受土地上的百花争艳和扑鼻馨香。

你们会教诲自己的孩子，就如同我们教诲自己的孩子那样吗？即土地是我们的母亲，土地所赐予我们的一切，也会赐予我们的子孙。

我们知道，人类属于大地，而大地不属于人类。我们知道，世界上的万物都是相互关联的，就像血液把我们身体的各个部分联结在一起一样。生命之网并非人类所编织。人类不过是这个网络中的一根线、一个结。但人类所做的一切，最终会影响到这个网络，也影响到人类本身。因为降临到大地上的一切，终将会降临到大地的儿女们身上。我们知道，我们的上帝也是你们的上帝。土地是上帝所创造的，也是上帝所看重的。我们伤害了大地，就是对造物主的亵渎。

你们的命运，对我们来说，是一个谜。可以设想一下，如果把所有的野牛杀光，把所有的野马驯化，那将是一种什么样的景象？如果原始森林中尽是人类的足迹，幽静的山谷中布满横七竖八的电线，那将是一种什么样的景象？如果草丛灌木消失了，空中的雄鹰不见了，马匹和猎犬也失去了用场，那将是一种什么样的景象？这一切，只意味着真正生活的结束和苟延残喘的开始。

当最后一个印第安人与荒野一同消失，他们的记忆就像草原的云彩一样在空中浮动的时候，这些湖岸和森林还会存在吗？我们的灵魂还会存在吗？

我们热爱大地，就像出生的婴儿热爱母亲心脏跳动的声音一样。所以，如果我们放弃这片土地，转让给你们，你们就要像我们一样地热爱它，照管它。为了子孙后代，你们要始终不渝地献出自己全部的力量、精神和感情来保护大地，就像上帝对我们大家所做的那样。

正像我们是大地的一部分一样，你们也是大地的一部分。土地对我们是珍贵的，对你们也是珍贵的。我们懂得一点：世界上只有一个上帝。没有人能够分开，无论是印第安人，还是白人，我们终究是兄弟。

酋长西雅图的这个演说，被誉为是有史以来在环境保护方面最动人心弦的演说，它生动形象地描述了人类与自然界中的河水、空气、动植物等的血肉关系，以饱含深情的语言表达了印第安人对这片土地的无比真挚的留恋和眷顾。

　　语言优美，内涵丰富，情感充沛，是这个演说的最大特点。一方面，西雅图大量运用拟人、比喻等表达手法，把土地上的一切事物都当成自己的兄弟朋友，字里行间处处充满着对这片土地的珍惜和热爱，表达出对它们无比眷恋的感情，增强了文章的感染力。另一方面，体现演讲主旨的语句——"如果我们放弃这片土地，转让给你们，你们一定要记住：这片土地是神圣的"反复出现，产生一咏三叹的表达效果，不仅使主题深化，而且强化了作者想要表达的情感。

　　西雅图的演说充满激情，演说读起来朗朗上口，听起来富有韵律美。其用词时而激昂，时而舒缓，沉郁却不悲伤，妥协却不懦弱。其中，有些如珍珠般的句子，更是将演说装点得熠熠生辉，如——

溪流河川中闪闪发光的不仅仅是水，也是我们祖先的血液。
我们和大地上的山峦河流、动物植物共同属于一个家园。
任何降临在大地上的事，终究会降临在大地的孩子身上。
大地不属于人类，而人类是属于大地的。
清风给了我们的祖先第一口呼吸，也送走了祖先的最后一声叹息。

　　现在，美国西北最大的海岸城市叫西雅图，就是为了纪念那位叫西雅图的印第安酋长。

第七章

提升：
演讲还需"自身硬"

> 很多时候，演讲者自身素质的好坏直接影响到演讲结果的好坏。
>
> 一个高素质的演讲者必定也是一个腹有诗书的饱学之士。他们有风度、有魅力，能在任何场地侃侃而谈，能在较好地说服对方的情况下，还能让对方与之握手笑谈。一个口头表达能力超强，且具有庞大的知识储备量，懂幽默的人一定也会成为一个成功的演讲者。只有腹藏锦绣，才能口吐华章。

你有多少知识库存

一次成功的讲话，既是自身知识能力、文化修养的展示，也是一个人思维敏捷度、头脑灵活度的展现。敏捷的思维，会使你的讲话条理清晰，思路开阔，给人留下良好的印象。从这个意义上说，讲话水平不仅是"嘴上功夫"的体现，更是"脑上功夫"的体现。

一个学识丰富，胸有丘壑的人必定也是一个机敏过人的人，他懂得如何把不利转化为有利，懂得如何运用语言的力量来使自己脱困。

泰国有个大臣叫西特鲁赛，他聪明机智，主意特别多，泰皇见他机智，对他很是宠幸，也常常委以重任。这便引起了许多京官的嫉妒。

一天上朝前，有位大臣对西特鲁赛说："听说你特别聪明，能猜中人心灵中隐藏的秘密，是否？"

西特鲁赛回答说："是呀，不论你考虑谋划什么，我全知道。"

在场的大臣都觉得西特鲁赛说话不着边际，既然他愿意这么胡乱瞎吹，就应该齐心合力地惩罚他一下。

于是大家商定，都与西特鲁赛打赌，如果他猜准了每个人的心思，每人给他一锭银子；如果说得不准，西特鲁赛就给每人一锭银子。并提出打赌必须请皇帝当面作证，以使他在皇帝面前出丑，改变对他的信任和器重。

打赌的事得到了皇帝的恩准,众大臣见皇帝笑眯眯地看着大家,更来劲了,得意地催西特鲁赛赶快开始。

西特鲁赛说:"皇上在上,为我们作证和判决,我们不胜荣幸。现在各位开始想自己的心思。"

众大臣立即静了下来,各自想着心里的事情。西特鲁赛紧锁眉头,故作深思地在每个人的脸上搜索。然后说道:"此刻诸位都在皇上身边,所想的是我思想坚定,忠于皇上,终生不渝,永远不生反叛之心。此刻,大家的心灵深处是不是都有这样的心思和信念?哪位没有这样的心思和信念,请提出,我这就认输罚银。"说罢,从口袋里掏出几锭银子来。大臣们听罢,面面相觑,个个张口结舌,无言以对。众大臣没有不服输的,皇帝笑呵呵地看着大家把银子放进西特鲁赛的口袋里。

一个人具备怎样的能力、学识如何、自身知识储量的多少都会反映在口才上。拥有好的口才,很大程度上会让你更接近成功。巧妇难为无米之炊。知识底蕴不足,语言表达就会成为无源之水,要想拥有良好的口才,首先必须有丰富的知识储备和文化素养。

厚积才能薄发。韩愈在《进学解》中说:"口不绝吟于六艺之文,手不停披于百家之编。"意思是说,嘴里不停地背诵各种文章,手里不停地翻阅诸子百家的书籍,这也就如同我们常说的"拳不离手,曲不离口"。只有坚持不懈地练习,你才能拥有让人羡慕的好口才。

有一位博士生在进行论文答辩时,导师突然针对其论文中的"孔雀东南飞"一句发问:"孔雀为何东南飞,而不向西北飞?"

其他答辩的博士生都大吃一惊,谁都知道在这句古诗中,"东南飞"只是为了使句子押韵而已,并无其他特殊含义在里面。而这位导师如此突袭,并非刁难,而是想考考学生的临场反应。

当其他博士生暗自捏把汗的时候,该博士生略做沉吟,从容回答:"西北有高楼。"顿时,举座皆惊。

千万不要小看这一句。这可不是什么顺口溜,而是出自另一首汉代五言古诗,用它来回答这个问题,不仅形式上对仗工整,而且内容上也完美无瑕——用古诗对古诗,用西北对东南,说明了孔雀之所以不向西北飞,是因为西北有高楼阻挡。这个回答天衣无缝,足见答者的文化底蕴。

要想给别人一杯水,自己先要有一桶水,这是一个很浅显的道理。我们要说给别人听,首先自己肚子里得有"货"。

成为一本行走的汉语词典

荷马在《伊利亚特》一书中写道:"无法穷尽的是演讲方式以及词域。"

威尔·卡尔顿在他的《第一个定居者的故事》一书中这样描述道:"放风筝的男孩们用力地拉着他们长着白色翅膀的风筝;然而当你驾驭词语时你却不能也那样做。"

为了向公众展现他们的思想,演讲者必须每天向日常词汇中添加有价值的词语。伯格·埃森韦恩在他的《如何吸引和留住观众》中说:"一项有关演讲家的有效演讲的研究揭露了这个事实——他们偏爱那些象征着权力、宏大、速度、行动、色彩、明亮的词语,以及它们的所有反义词。他们经常使用表达各类感情的词语。描述性词语、形容词与名词的新鲜的组合,以及恰当的修辞也经常出现在他们的演讲里。事实上,公共演讲在本质上允许一些稍微夸张的词语的使用，当这些词语到达听众的判断中时，它们仅会留下一个恰到好处的印象。"

英国大政治家约翰·伯莱特说，他觉得每逢走进一座图书馆，就觉得人生太短促了，使他不能将心爱的书去遍览一次！伯莱特15岁就被迫辍学，到一家棉纱厂中去做工，从此他便没有再返回学校的机会！可是他不但英语讲得流利纯熟，并能把拜伦、米尔顿、雪莱等写的长诗熟读深思，又能背诵很多莎士比亚的名作，他每年总要重温一遍《失乐园》，来充实他的字句。他的演讲实力日益深厚，终于使他成为英国19世纪最伟大的演讲家。

一个高明的演讲家，必定也是一个博览群书、知识渊博的人。若要增进自己的知识，充实讲话所用的词句，就非读书不可！

美国第16任总统林肯，在答复一位急欲做一个"成功律师"的青年人时说道："只有努力地研读，勤奋工作，才是一条成功的捷径。要是你真愿意听我的话，遵照着去做，那么，结果会怎样！渐渐地，不知不觉地，也是必然地，你的修辞会突然变得美丽，你的说话会突然变得动人；你的作风，也渐渐有些近乎名人的风格了！"正如德国大哲学家歌德所说："只要请你告诉我，你阅读些什么书，我就知道你是怎样一个人！"

强大的阅读量可以增加、丰富你的知识储量，使你的表达能力更准确、更丰富，使你在演讲中对字词的使用可以做到运用自如、信手拈来。

拥有强大的词汇量，才能够让你灵活自如地应付各种场面，做到面对不同的人说不同的话，增添魅力，让自己更受欢迎。

一个演讲者在演讲过程中不断地使用为大众所熟知的或是历史上有名的超强的词汇是具有吸引力的。只有在日常生活中积累了大量的词汇量，你才有足够的准备能在演讲过程中做到有东西可讲，才能做到侃侃而谈。

所以，要想成为一个成功的演讲者，拥有强大的词汇量必不可少。

烂笔头也需好记性

著名心理学家薛兆尔说:"一般人随时利用的记忆力不及10%,这是因为他违反了记忆的自然法则,浪费了其余的90%的缘故。"你是否也这样?如果是的,你一定感到在进行"读书计划"时会发现困难重重!

增进记忆力是提升口才的重要基础。为什么你往往对事物的印象,在看过以后一会儿就会忘掉?这是你没有懂得记忆的秘诀!对你打算牢记的事物,抓住一个深刻、生动而能启发人的印象,用5分钟努力地集中注意力,将比心不在焉、恍惚度日更有效果。

爱迪生说过:"普通人的脑子所记住的不及他的眼睛所见的事物千分之一,我们真正的观察力之贫弱,甚至极为可笑。"

当你同时被介绍认识两三位陌生朋友时,一两分钟以后,竟会忘记了他们的姓名,这是什么缘故?因为你起初就未能充分注意他们,也根本没有仔细观察他们;要是你听准了别人的姓名,或是未听明白而再问一遍,你就会因集中注意而记牢了他的姓名,并得到准确的印象。

不论什么概念,都可以拿来联成一串,而且联得越是离奇有趣,越易记住。

亨利·瓦德·比切能够在利物浦发表顶尖的演讲,他能把所有他所听过、读过、写过的事件、论点都作为演讲武器,而他需要做的只不过是伸出手来并"抓住那些像烟一样飘过的武器"而已;本·琼森能够重述他所写过的所有文章;史卡利只用了三周就记住了《伊里亚特》。

洛克说过:"没有了记忆力,人类就将成为永恒的婴孩。"昆提利安和亚里士多德将记忆力视为衡量天才的标准。

除此之外,林肯告诉我们一个助长记忆的方法,那就是他每次阅读打算要记住的书报，必须高声朗诵。他说："当我高声诵读时有两种功能在工作。第一，我看见了我所读的是什么；第二，我的耳朵也听见了我所读的是什么。因此，我可以轻易记忆。"谁都知道林肯的记忆力是异常牢固的，他自己说过："我的心像一块钢板，很难在上边画深的事物，但画上以后，也就极难拭去。"总之，同时利用两种官能，是林肯记忆的秘诀，你也不妨加以仿效。

詹姆斯教授另外告诉我们一个记忆秘诀，他说："我们的脑子，原是一架联想的机器。如果在一阵沉默之后，突然要你记好，你当然将不知所措，因为你根本没有什么印象，记忆什么呢？这就是说，记忆必须有一个线索。如果我要你记忆自己的生辰，或是早餐吃些什么，或是记忆一曲歌谱，你当然可以立刻回答出来。因为，你有了联想的线索——控制了我们一切思想，我们运用脑子，无非是受了这联想系统的牵引！总之，凡是有了训练的记忆，都靠着一个有系统的许多联想，而这良好记忆的秘诀，便是把我们要记着的东西，造下许多的联想。两个在外、经验一样的人，谁能把自己过去的经验记忆得最多而且最有系统，便是谁的记忆力好。"

如果把这些例子应用到演讲中去，那你的记忆力便会大为增强。要知道一个学演讲的人，当他上台时，早已恐慌得失去了从容思索的能力。那么他该怎么办呢？唯一补救的办法，就是采取快速记忆法事先记住要点。

二十年前，一个可怜的移民男孩在纽约做洗碗工。一天他闲逛时走进了库伯大学并读起了亨利·乔治的《进步与贫困》。这时他对知识的强烈渴求被唤醒了，因而阅读成了他的习惯。但是他发现自己记不住看过的东西，所以他开始训练他那天生不怎么样的记忆力，他坚持这种训练直到成为世界上最棒的记忆专家。他就是日后人们所说的菲利克斯·贝罗尔先生。贝罗尔先生能够说出世界上任何一个人口多于五万的城镇的人口数量，他能够回忆起刚刚介绍给他认识的四十位陌生人的名字，更神奇的是他能分辨出介绍给他的第三个、第八个、第十七个或是任何其他顺序的人是谁，他知道历史上每件大事的日期，他不光能回忆起数不尽的事实，更能把它们完美地联系起来。

你作为演讲家的能力在很大程度上取决于你保留印象以及在需要时提取它们的能力。这种记忆力就好比肌肉一样，是需要训练的。

拥有较强的记忆力是演讲者必备的能力之一。演讲当中，命题演讲侧重于机械记忆，讲稿的要点及内容均需记忆。即兴演讲侧重于意义记忆，演讲词需要临场发挥，边想边说，要点及要点间的关系为记忆重点。

通过死记硬背学习单词来开始记忆是一个纯粹被误导的努力。很多年间，它之所以被认为是错误的原因在于这样做不仅效率低，更会伤害大脑。的确，一些人天生在记忆一连串的单词、事实和数字上就有很好的天赋，但是同时这样的大脑却不怎么擅长推理。普通人都必须要用这种人为的方法去反复叮嘱和强迫记忆去获取记忆力。

再次，接连几个小时身体透支、精神疲乏地去强迫记忆也很有害。健康是敏捷的思维反应的基础，当然，记忆力的运作也不例外。

最后，不要成为一种机制的奴隶。一些简单的关于大脑和记忆的知识会最终让它们正常运行。使用这些原则，不管它们是否被包含在这个机制中。不要把自己局限在比记忆力的自然发展需要倾注更多的精力的方法上。没有比起某人为了记住一个事实而去记忆十个单词更荒谬的事了。

想象力是演讲的翅膀

艾萨克·迪斯雷利在《天才的特性》一书中这样说道：思考和感觉构成了普通人和天才的区别——普通人愿意去推理，而天才则是去想象。

看看世界上哪一个伟大的科学家最初不是因为想象使他攀登上成功的阶梯的。爱迪生发明电灯，电话、电报、电影的发明，莱特兄弟发明飞机，以及人类第一次梦想成真地登上太空……这些在很久以前都是人类想都不敢想的事。但正是因为有想象力的存在，才使得人们开始将梦想付诸实践，开始将美梦变成现实。想想苹果砸到了那么多人，可为什么只有牛顿发现了万有引力的存在！

爱默生说："科学不知道自己正是来源于想象。"正是有了想象力的存在，才使得人们的生活变得简单、方便、快捷且舒适。

德国化学家凯库勒在梦中发现苯分子结构的故事，一直被各种科普文章津津乐道。一天晚上，凯库勒坐马车回家，在车上昏昏欲睡。在半梦半醒之间，他看到原子链似乎活了起来，变成了一条蛇，在他眼前不断翻腾。突然，蛇咬住了自己的尾巴，形成了一个环……凯库勒猛然惊醒，受到梦的启发，明白了苯分子原来是一个六角形环状结构。

通过梦境解决科学难题的故事，听起来很荒诞，仔细分析，却又是理所当然的。人们创造一切事物都是先有想法，然后依据这个想法去努力，最后完成的。比如手机的应用，设计者先有了一个对于手机功能、外观、使用方法、技术指标等的构思，然后才制造出来。当人有了一种思想，也就是意识到要完成一件事情时，就会从潜意识中搜寻有关联的信息，意识越强越持久，潜意识给予的信息就会越完整、越接近。凯库勒之前一直在研究、分析苯分子的结构，潜意识接收到了很多信息，由此才有了梦中的破解。强烈的信念是创新的基础，也是创造奇迹的力量。

具有充分的想象力，在大脑中构建图像的天赋就如同在整个思维的机器中齿轮所起到的提高效率的作用。当然了，它也要适合于其他重要的齿轮——纯粹的思考，但是，这样去做的时候，人们就会问，哪一种更能够为人们带来幸福和快乐呢？随着我们的深入探讨，这一点就会变得更加明显。

我们会去听、去看、去感觉、去品尝、去闻，而之后，这种感觉就消失了。但是我们或多或少都有这样一种能力，即让这种感觉再次重现。通常来讲，有两个因素决定着所激起图像的生动性——深刻的最初印象和相对其他而言，头脑复制图形的能力。每一个正常人都能拥有一种能力，即使原有印象在头脑中清晰重现。

因为大脑不是对所有事物都能构建这种印象，所以这一事实就需要公共演讲者好好探究这个问题。不能诗兴大发的人不大可能有志成为一名诗人，而想象力干枯得如一潭死水的人却可以成为一个公众演讲者。对此观点，我们的态度是认真的：挖掘你在头脑中勾画图像的能力，即使是逻辑性很强的言辞也能够启发人的想象力。马上就去发现你的想象力是多么丰富和有价值，这一点是相当重要的，因为它可以被很好地利用，也可能被滥用。

莎士比亚在《仲夏夜之梦》中对想象做了这样的阐述：想象会把不知名的事物用一种形式呈现出来，诗人的笔再使它们具有如实的形象，空虚的无物也会有了居处和名字。

弗朗西斯·高尔顿注释：对人的能力的调查说过，"法国人看起来在很大程度上拥有形象化的能力。他们在各种各样的仪式和节日中展现出来的前期安排的特殊能力，以及他们对于策略使用的真正的天赋都表明了他们能用非比寻常的清晰视角预见结果。他们在所有的工艺发明上所展现出来的天赋也进一步在同样的方面证明了他们的能力，他们突出地表达明晰的特征是另一个强有力的证据。他们的词语'自我想象，或者说是给自己的照片'似乎是要表达他们的主流观念。我们的与之相对应的词'映像'是一个有歧义的词语"。

回忆一下那个在街角上演的你曾经看到了开头，但是没来得及看到结局就走掉了的某个情景。回忆它的全部——到目前这个意象还只是重现。但是接下来会发生什么呢？让你的想象力随意漫游吧——接下来的情景就是创造性的了，因为你或多或少地依据，甚至有意识地创造了一些不真实的情景。

就是在这一环，小说家、诗人和公共演讲者体会到了创造性的形象化描述。

在这里有一个事实值得注意：形象化描述是头脑中成比例的珍贵财富，因为它被更高层次的纯理性智力所控制。天真的未开化的孩子在很大程度上用形象进行思维活动，因此给予它们过度的重要性。他很容易把现实和幻想混淆——对他来说这二者等价。但是受过教育的人就很容易将二者区分开来，并且就算这个评判并不是完美无缺，他们也能分别给予二者各自相应的公正评判。

因此我们看到：无限制的成像可能会导致的结果就像无舵的轮船一样；而受过训练的技能就像一艘优雅的帆船，任凭船长的支配在海上遨游，它的方向随着理性的舵柄及轻盈的、追逐着天堂气息的翅膀而变得平稳。

不要只满足于回忆意象的能力而停歇下来，而是要通过建立在眼前事实基础上的"对于可能出现的样子"的想象来培养你的创造性想象力。

大师胡适的"三味药"

胡适（1891~1962），字适之，安徽绩溪人。现代著名文学家、学者。1910年留学美国，回国后曾任北京大学教授，1946年任北京大学校长。1960年6月18日，在台湾成功大学毕业典礼上，胡适作了题为《防身的三味药》的演讲。其演讲词如下——

毕业班的诸位同学，现在都得离开学校去开始你们自己的事业了，今天的典礼，我们叫作"毕业"。你们的学校生活现在有一个结束，现在你们开始进入一段新的生活，开始撑起自己的肩膀来挑自己的担子，所以叫作"始业"。

我今天承毕业班同学的好意，承阎校长的好意，要我来说几句话。我进大学是在50年前（1910），我毕业是在46年前（1914），够得上做你们的老大哥了。今天我用老大哥的资格，应该送你们一点小礼物。我要送你们的小礼物只是一个防身的药方，给你们离开校门、进入大世界作随时防身救急之用的一个药方。

这个防身药方只有三味药：

第一味药叫作"问题丹"；

第二味药叫作"兴趣散"；

第三味药叫作"信心汤"。

第一味药"问题丹"。就是说，每个人离开学校，总得带一两个麻烦而有趣味的问题在身边做伴，这是你们入世的第一要紧的救命宝丹。

问题是一切知识学问的来源，活的学问、活的知识，都是为了解答实际

第七章 提升：演讲还需"自身硬"

上的困难，或理论上的困难而得来的。年轻入世的时候，总得有一个两个不大容易解决的问题在脑子里，时时向你挑战，时时笑你不能对付它，不能奈何它，时时引诱你去想它。

只要有问题跟着你，你就不会懒惰了，你就会继续有知识上的长进了。

学堂里的书，你带不走；仪器，你带不走；先生，他们不能跟你去，但是问题可以跟你走到天边！有了问题，没有书，你自会省吃省穿去买书；没有仪器，你自会卖田卖地去买仪器；没有好先生，你自会去找好师友；没有资料，你自会上天下地去找资料。

各位青年朋友，你今天离开学校，夹袋里准备了几个问题跟着你走？

第二味药叫作"兴趣散"。这就是说，每个人进入社会，总得多发展一点专门职业以外的兴趣——"业余"的兴趣。

你们多数是学工程的，当然不愁找不到吃饭的职业，但四年前你们选择的专门职业，真是你们自己的自由志愿吗？你们现在还感觉你们手里的文凭真可以代表你们每个人终身的志愿、终身的兴趣吗？换句话说，你们今天不懊悔吗？明年今天还不会懊悔吗？

你们在这四年里，没有发现什么新的、业余的兴趣吗？在这四年里，没有发现自己在本行以外的才能吗？

总而言之，一个人应该有他的职业，又应该有他的非职业的玩意儿，不是为吃饭而是心里喜欢做的，用闲暇时间做的——这种非职业的玩意儿，可以使他的生活更有趣、更快乐、更有意思。有时候，一个人的业余活动也许比他的职业还重要。

英国19世纪有两个哲学家，一个是约翰·弥尔，他的职业是东印度公司的秘书，他的业余工作使他在哲学上、经济学上、政治思想史上，都有很大的贡献。一个是赫伯特·斯宾塞，他是一个测量工程师，他的业余工作使他成为一个很有势力的思想家。

英国的大政治家丘吉尔,政治是他的终身职业,但他的业余兴趣很多,他在文学、历史两方面都有大成就;他用余力作油画,成绩也很好。

美国总统艾森豪威尔先生,他的终身职业是军事,人都知道他最爱打高尔夫球,但我们知道他的油画也很有功夫。

各位青年朋友,你们的专门职业是不用愁的了,你们的业余兴趣是什么?你们能做的爱做的业余活动是什么?

第三味药,我叫作"信心汤"。这就是说,你总得有一点信心。

我们生存的这个年头,看见的、听见的,往往都是可以叫我们悲观、失望的——有时候竟可以叫我们伤心,叫我们发疯。

这个时代,正是我们要培养我们的信心的时候,没有信心,我们真要发狂自杀了。

我们的信心只有一句话——"努力不会白费",没有一点儿努力是没有结果的。

对你们学工程的青年人,我还用多举例来说明这种信心吗?工程师的人生哲学当然建筑在"努力不白费"的定律的基石之上。

我只举这短短几十年里大家都知道的两个例子。

一个是亨利·福特,这个人没有受过大学教育,他小时半工半读,只读了几年书,16岁就在一家小机器店里做工,每周工钱2.5美元,晚上还得去帮别家做夜工。

57年前(1903)他39岁,创立了福特汽车公司,原定资本10万美元,只凑得2.8万美元。

五年之后(1908),他造出了他的最出名的福特T型汽车。

1913年——我已读大学三年级了,福特先生创立了他的第一副装配线。

1914年他就能够完全用"装配线"的原理来制造他的汽车了。同时他宣布他的汽车工人每天只工作八个小时,比别的企业的工人少一个小时,而每天最低工钱5美元，比别人多一倍。

他的汽车开始是950美元一辆，他逐年减低卖价，从950美元直减到360美元，直至第一次世界大战之后，减到290美元一辆。

他的公司，在创办时只有2.8万美元的资本，而23年之后已值十亿美元了！已成了全世界最大的汽车公司了。1915年，他造了100万辆汽车，1928年，他造了1500万辆车。

他的"装配线"的原则在二十年里造成了全世界的"工业新革命"。

福特的汽车在五十年中征服全世界的历史还不能叫我们发现"努力不白费"的信心吗？

第二个例子是航空工程与航空工业的历史。

也是57年前的一天，正是我12岁的生日那一天，在北卡罗来纳州的海边基帝霍克沙滩上，两个修理脚踏车的匠人，兄弟两人，用他们自己制造的一架飞机，在沙滩上试着起飞。弟弟叫奥维尔·莱特，他飞起了12秒钟；哥哥叫威尔伯·莱特，他飞起了59秒钟。

那是人类制造飞机飞在空中的第一次成功，现在那一天是全美国庆祝的"航空日"，但当时并没有人注意到那两个弟兄的试验，但这两个没有受过大学教育的脚踏车修理匠人，他们并不失望，他们继续试飞，继续改良他们的飞机，一直到四年半之后，才有重要的报纸来报道那两个人的试飞，那时候，他们已能在空中飞38分钟了！

这40年中，航空工程的大发展，航空工业的大发展，这是你们学工程的人都知道的，航空工业在最近30年里已成了世界最大工业的一种。

我第一次看见飞机是在1912年；我第一次坐飞机是在1930年；我第一次飞过太平洋是在1937年；第一次飞过大西洋是在1945年。当我第一次飞渡太平洋的时候，从香港到旧金山总共费了七天！去年我第一次坐喷气式飞机，从旧金山到纽约，五个半钟点飞了3000英里！下月初，我又得飞过太平洋，当天中午起飞，当天晚上就到美国西岸了！

　　57年前，基蒂霍克沙滩上两个脚踏车修理匠人自造的一个飞机居然在空中飞起了12秒，那12秒钟的飞行就给人类打开了一个新的时代——人类的航空时代。

　　这不够叫我们深信"努力不会白费"的人生观吗？

　　古人说"信心可以移山"，又说"功不唐捐"，还说"只要功夫深，生铁磨成绣花针"。

　　年轻的朋友，你们有这种信心没有？

　　作为哲学家、学者、作家兼教授的胡适先生，不仅其诗其文其思想对当时或后世有巨大影响，其演讲艺术亦因有独特的风度而受到学者的普遍赞誉。在上面这篇演讲中，他以一位长辈的殷殷之心，在同学们即将毕业之际，热诚真挚、推心置腹地勉励大家怎样走向社会，提出"问题丹""兴趣散""信心汤"当作"防身药方"。将读书、做学问、树立起追求理想的信心和勇气，出神入化、行云流水似的宣示出来，且跌宕得方、起伏有致、张弛有度、文白相间、警语迭出，如"努力不会白费""撑起自己的肩膀来挑自己的担子""只要功夫深，铁杵磨成针"等。胡适主张文学有三个条件：第一要明白清楚，第二要有力能动人，第三要美。他本人无论写作还是演讲，都比较完美地做到了这三点。

　　胡适在新文化运动中，首倡"白话文运动"，课堂上也经常向学生宣传白话文写作的好处。遇有学生质疑，便因势利导、循循善诱地进一步引导。有一次，某学生说"白话文不简练，打电报用字多，花钱多"。胡适慢条斯理、心平气和地说："不一定吧！前几天行政院有位朋友给我打来电报，邀我去做行政秘书，我不愿意从政，不想去，为这件事我回了一则电报，拒绝。请同学们根据我这个意思，用文言文自拟一则电报，看看是白话文省字还是文言文省字？"同学们跃跃欲试，积极性陡增，最后选出一份最为简练的，仅12字："才疏学浅，恐难胜任，不堪从命。"这时课堂很静，学生们都凝神注目胡适，看他的白话电报还能怎样简练。此时，胡适像相声演员抖包袱一样，十分利落地说："干不了，谢谢！"仅5个字，大家无不为先生的主张暗暗称绝，且对白话文写作产生了浓厚兴趣。

胡适学识渊博，引经据典，信手拈来，不枝不蔓，恰到好处。在某大学演讲时，多次引孔子、孟子、孙中山语，在黑板上写"孔说""孟说""孙说"，最后，他发表自己的意见，机智而戏谑地写上"胡说"，引得哄堂大笑。顺理成章，水到渠成，寓庄于谐，妙哉妙哉。

胡适信奉的格言是"大胆地假设，小心地求证；认真地做事，严肃地做人"。无论写作还是演讲，他都一丝不苟，精益求精，潇洒儒雅，从容优游，深入浅出，应付裕如。

第八章

结尾：
别在最后松懈

> 明代学者谢榛认为："结局当如撞钟，清音有余。"好的结尾能重新掀起演讲的高潮，极大地鼓舞听众，激起听众行动的愿望，使听众与演讲者产生强烈的共鸣，从而达到演讲的最终目的。
>
> 美国作家约翰·沃尔夫说："演讲最好在听众兴趣到高潮时果断收尾，在兴趣未尽时戛然而止。"这是演讲结尾最为有效的方法。就像是一场演出，有了出彩的开场、吸引人心的内容以外，就一定要配上一个有意义的结局，这样的演出才算得上完美。

好的结束语让演讲余味悠长

有个人去买花生米,老板给了他十粒,说:"你先尝尝香不香,香就多要,不香就换别家。"这个人吃了一粒觉得很香,就说:"来两块钱的。"然后他又吃了几粒,越吃越香就说:"多来点吧,再添几块钱,干脆来十块钱的。"老板把花生米称好了。这个人也吃到了最后一粒,凑巧是一粒发霉的花生米,他张嘴一咬,只觉得又苦又涩,一股霉气,顿时连连吐口水,然而嘴里那股味道还是散不尽。他没好气地说:"不要了,难吃死了。"然后就哭丧着脸走掉了。

对于演讲来说,结束语是演讲者走向成功的关键一步。结尾好,就如乐曲结束时的"强音",动人心魄;结尾不好,则犹如吃花生米,吃到最后一粒是个坏的,又苦又涩,一股霉味,就会使整个演讲失去原有的效果。

在演讲处于高潮的时候,听众大脑皮层高度兴奋,注意力和情绪都由此而达到最佳状态。如果在这种状态下突然结束演讲,那么保留在听众大脑中的最后印象就特别深刻。

林肯在以"尼亚加拉大瀑布"为题材,预备一篇演讲时,用的就是层层递进方法来结束演讲。且看他的比较是不是一个比一个有力量,他怎样以哥伦布、耶稣、摩西、亚当等的年代,与尼亚加拉大瀑布相比,获得神奇的效力。

第八章 结尾：别在最后松懈

这要推测无限的久远，当哥伦布最初发现这块大陆；当耶稣基督被钉在十字架上；当摩西率领以色列人渡过红海；啊，甚至当亚当从创世主的手里出来，从那时到现在，尼亚加拉就在这里怒吼！

一古代巨人的眼睛，像现今我们的眼睛一样，曾经看见尼亚加拉，与第一代人种同时代，比人类的第一个始祖还老，一万年前的尼亚加拉，和现在的是同样的新鲜有力！我们只能想象那庞大骨骼的前世巨象爬虫，也曾见过尼亚加拉——从那样的久远年代起，尼亚加拉从无一刻静止，从未枯竭，从未冻凝，从未睡去，从未休息！

钢铁大王卡内基最得意的助手史可伯先生，有一次在纽约宾夕法尼亚协会演讲，他的结尾是：

我们宾夕法尼亚州，应该领导推进时代的巨轮，因为她是出产钢铁最多的一州，是世界上最大的铁道公司的养育之母；就是农产品，也在各州中占第二位。所以，宾夕法尼亚州是我们经商的基石，它的前途远大，做领袖的机会尤多，绝非别州所能及！

史可伯用了这几句话来做结尾，使听众们个个都感觉高兴，这真是一个很好的结束方法。但是，要使这种方法生效，必须有着诚恳的态度。同时，又不可说得过分，以避谄媚之嫌。否则，稍露做作之态，难免被人看作虚伪，他们将像对付一张假钞似的拒不收受。

结束语是演讲内容的自然收束。言简意赅、余音绕梁的结尾能够使听众精神振奋，并促使听众不断地思考和回味；而松散疲沓、枯燥无味的结尾则只能使听众感到厌倦，并随着事过境迁而被遗忘。怎样才能给听众留下深刻的印象呢？

林语堂的演讲结尾则会出其不意，令人捧腹。有一次，他应邀参加了一次国际读书会，在会上他畅谈了东方人的人生观和他的写作经验。台下的观众都被他娴熟的英文、充满智慧与幽默的发言迷住了。正当大家听得入神的当口，他却出乎意料地说道："中国哲人的作风是，有话就说，说完就走。"说罢，拾起他的烟斗，挥了挥长袖，离开讲台，飘然而去。他用这种幽默的方式给人留下了深刻的印象，也让他的演讲在世界演讲史上留下了一段佳话。

拿破仑说过："兵家成败决定于最后五分钟。"我们同样可以说，演讲的成败在相当程度上取决于演讲的结尾。这是因为，如果演讲者设计和安排的演讲开头和高潮精彩，再加上有一个出人意料、耐人寻味的好结尾，那么，就如同锦上添花，会给听众带来一种精神上的愉快和满足。相反，如果演讲者设计和安排的结尾没有新意而平乏无力，没有激起波澜而陈旧庸俗、索然无味，就会使听众深感遗憾，失望而去。因此，演讲的结尾要比开头和主体部分要求更高，内容要更有深度，语言要更有力度，方法要更巧妙，效果要更耐人寻味。可见，演讲的结尾是走向成功的最后一步，它在整个演讲中起着不可忽视的重要作用。

生活中常见的结束语

如果你在撰写演讲稿的过程中实在想不出更为高明、更能引起听众共鸣的结束语，也可选择几种常见的、有效的演讲结束方式。

1. 卒章言"志"表真诚

这是竞聘演讲常用的一种结尾方法，主要是指演讲者表明自己"上任"

后的抱负和决心。在竞聘村委会主任的演讲会上，一位刚从管理学院毕业的小伙子在演讲结束时这样说：

我虽然没有当干部的经验，但我有为官一任、造福一村的热情。如果选我当村委会主任，我保证两年之内实现以上规划，让咱村改变面貌。让大家人人抱上金饭碗。说到做到，决不放空炮。如不兑现，我甘愿下台受罚！不仅我这一百多斤要交给大家，我还要把我家的楼房和几万元存折都压上。

他"明明白白"表明了自己的信心和决心，使听众很快由怀疑、惊奇变为信任和亲近，话音刚落，台上台下便掌声一片。他的真诚深深感动了乡亲们，不少人都投了他的票。

2. 发出号召，引起听众共鸣

有的演讲者喜欢在结尾时直接向听众提出希望，发出号召。这种号召在鼓舞、激励了听众的同时，也增强了演讲的气势。

3. 诚挚赞颂

俗话说："良言一句三冬暖。"在演讲结尾进行诚挚的赞颂，无形之中就充满了情感和力量，极容易拨响听众的感情之弦，引起听众共鸣。

4. 借景抒情显水平

在演讲结尾时如能巧妙地借用当时的景物来抒情表志，也可助自己一臂之力。

5. 巧用反问

在演讲结尾时，演讲者可以向听众提出与主题有关的问题，甚至是一系列的问题，让听众进行思考。这样的结尾方式优点在于能更好地让观众参与到演讲中来，而且让人深入思考，做到余味悠长，同时让众自己思考答案。也可以将其与其他方法配合使用在结尾中。

如演讲稿《人生的价值何在》的尾结：

我们的雷锋，在他短暂平凡的人生中，创造出了巨大的人生价值，给我们留下了无与伦比的精神财富。那么，亲爱的朋友们，在漫长而又短暂的人生之路上，我们将做些什么？创造些什么？留下些什么呢？

这个结尾采取对比和提问的手法，听后令人深思，发人深省，叫人不得不扪心自问，给听众留下了哲理性的思索和回味。

6. 以"谢"圆场表真情

大多数时候，当演讲结束后，讲演者一般都要礼貌地说声"谢谢"。但"谢"字也有会说和不会说之分，会说的，不仅可以表示自己礼貌待人的文明素质，还可成为沟通人们心灵的纽带。

请看下列三段结尾：

我的演讲完了，谢谢。

最后，让我再次感谢你们，我的听众们，感谢你们对我的支持和鼓励。

今天天气这么冷大家还都来捧场，这使我非常感动。无论最后结果是否成功，我都要向在座的朋友们表示深深的谢意！（说完给大家深深地鞠了一躬。）

以上是三名演讲者在同一次竞聘演讲会上的结束语，虽都是言"谢"，但第一个人的有"例行公事"之嫌，掌声一般。第二个人的"再次感谢"比第一个人的要显得真诚，因此获得的掌声较热烈。反响最强烈、给听众印象最深的还是第三个人的结尾，他字字含真情，句句发肺腑。所以在他下场之后，人们还在为他鼓掌。由此看来，"谢"字里面也大有文章。

打造高明结尾的几个技巧

一篇高明的演讲稿必定也有一段高明的结束语。高明的结束语往往能给听众造成余味悠长的感觉,仿佛投入到水中的一粒小石子,会给听众的心中激起阵阵涟漪。

1. 首尾呼应,强调观点

在你的演讲结尾时,紧密联系你的开场白中的内容,这可以让你的演讲听上去浑然一体。最适合用这个方法的情形是:你在开场白中提出了问题,或者你的开场白是一则小故事。

一个教育系统的官员,在对新聘教师的演讲中,以一个自己小时候在学校的经历作为开场白,他是这样说的:

我在当教育局局长前,也做过十多年的教师。而在我做教师前,也曾是一个学生。在我读初三前,成绩一直不好,调皮而又捣蛋,经常是老师体罚与批评的对象。可以说,我在老师们的负面评价中已经习惯了,我觉得我就是一个无可救药的"坏学生"。但我在上初三时,新的班主任很少批评我了,他总是努力挖掘我好的一面,表扬我,夸赞我。即使是偶尔的批评,也是先表扬再说"要是你能如何如何就更好了"。在那一年里,我惊奇地发现自己原来有那么多的优点。我决定做得更好,而在我努力的过程中,我赢得了班主任更多的正面评价与鼓励。在这种良性循环中,我的不良行为举止得到了纠正,并出人意料地考上了高中。三年之后,我又考上了大学。

在结尾时,他又提到了开头的故事,并把它与自己讲的主题——"关爱与悦纳每一个学生"联系起来：

在座的每一个即将走上岗位的老师，都会碰上30年前和我一样的所谓差生，我希望你们不放弃、不抛弃他们，我希望你们能用发自内心的欢喜去接纳他们，用积极正面的夸赞去引导而不是用无休止的批评去打击他们。我希望那些所谓的差生，都能像我当年遇到的那位班主任一样，在老师的帮助下重建自信，迈向人生的高峰！

这样首尾呼应的结束语，浑然天成，无可挑剔，让人不觉陷入沉思。

2. 结尾概括全文

演讲者讲的话，就好比是抓在手里的一把沙子，虽然抓住了一些，可大部分还是从指间滑落。听众们虽然听到了一大堆话，但不可能完整地记忆到脑海之中。而当你在结束前能够准确地梳理出自己在过去的时间内都讲了什么要点时，你已经取得了不小的成就。

钱学森生前的最后一次演讲《科技创新人才的培养》就是一篇非政论性的演讲。演讲表达了钱学森对培养创新型研究者的希望，结尾总结了发言的要点，简洁工整，体现了他一贯的处事态度，值得我们去揣摩运用。他是这么说的：

我说了这么多，就是想告诉大家，我们要向加州理工学院学习，学习它的科学创新精神。我们中国学生到加州理工学院学习的，回国以后都发挥了很好的作用。所有在那学习过的人都受它创新精神的熏陶，知道不创新不行。我们不能人云亦云，这不是科学精神，科学精神最重要的就是创新。我今年已九十多岁了，想到中国长远发展的事情，忧虑的就是这一点。

还有的时候，如果阐述的内容太多，没有办法在短时间内去做总结性回顾，可以借鉴鲁迅先生的做法，在结尾的时候大致介绍演讲的大致范围，这也是一种总结的方式。

鲁迅的演讲《魏晋风度及文章与药及酒之关系》是一篇比较长的演讲，内涵丰富，涉及面广，谈到的历史人物又很多，这么多的内容，在结尾的时候不可能——罗列出来加以总结，因此他说道："自汉末至晋末文章的一部分的变化与药及酒之关系，据我所知的大概是这样。但我学识太少，没有详细的研究，在这样的热天和雨天费去了诸位这许多时光，是很抱歉的。现在这个题目总算是讲完了。"虽然没有总结重点在什么地方，但是界定了演讲的主题与范围，并且没有空洞的套话，也是可以借鉴模仿的。

3. 用热情洋溢的话做结尾

温德尔·菲利普斯在讲到黑人图桑将军时，曾用这样的话做过演讲结尾：

我要称他为拿破仑，可是拿破仑经过了毁约、失言、血流成河的战争，而获得王位；这个人向来没有失言过，"不报复"是他的伟大格言，也是他一生的信条！他最后曾对他儿子说的话是，"我的孩子，终有一天你还能回到故乡圣多明哥，忘掉法国曾杀死你的父亲"。

我要称他为克伦威尔，可是克伦威尔只是一个军人。他所建立的国家，同时与他埋葬在墓中。

我要称他为华盛顿，可是这位伟大的弗吉尼亚州人却使用奴隶；这个人宁肯以国家命运作冒险，也决不允许他的领土内的任何一个小村庄，去做买卖奴隶的事！

要想让你的演讲结尾充满激情，可巧用排比，用演讲术上的"阶升法",让演讲情感一层比一层高,话语一句比一句有力量!

在结尾时如果能以充满激情、热情奔放、扣人心弦的语言来表达自己的思想主张,赢得听众情感上的共鸣,对听众的理智和情感进行呼唤,提出任务,指明前途,表达希望,发出号召,鼓舞听众振奋精神,付诸行动,那么演讲就能取得非同凡响的效果。

4. 发出呼吁

二战初期,法国沦陷,法国民众在德国法西斯的铁蹄下惨遭蹂躏,戴高乐准将被迫逃亡到英国伦敦。在伦敦,他通过广播发表了一篇伟大的讲话——《谁说败局已定》,其结尾是这样的:

我,戴高乐将军,现在伦敦向法国的官兵发出请求,不管你们现在还是将来踏上英国的领土,不管是否持有武器,都请同我联系,我请求具有制造武器技能的工程师和技术工人,不管你们现在还是将来踏上英国的领土,都和我联系。不管风云如何变幻,法兰西的抗战烽火都不会被扑灭,法兰西的抗战烽火也绝不可能被扑灭!

戴高乐将军在演讲的结尾,既吹响了集结号,又擂响了战鼓,指明听众行动的方向和方式,鼓动起听众行动的勇气或力量。

5. 运用幽默结束演讲

"余音绕梁,三日不绝"是演讲结尾追求的最佳效果。在多种多样的演讲结束语中,幽默式可算其中极有情趣的一种。一个演讲者能在结束时赢得笑声,不仅是自己演讲技巧十分成熟的表现,更能给本人和听众双方都留下愉快美好的回忆,也是演讲圆满结束的标志。

除了某些较为庄重的演讲场合外,利用幽默结束演讲可为演讲添加欢声笑语,使演讲更富有趣味,令人在笑声中深思,并给听者留下一个愉快的印象。如鲁迅先生在上海中华艺术大学讲演时的结尾：

以上是我近年来对于美术界观察所得的几点意见。今天我带来一幅中国五千年文化的结晶，请大家欣赏欣赏。（说时一手伸进长袍，把一卷纸徐徐从衣襟上方伸出，打开看时，原来是一幅病态十足的月份牌，引得哄堂大笑。在笑声和掌声中结束了他的演讲。）

这个别出心裁极具喜剧性的结尾，不仅进一步深化了主题，使听众对那种拙劣的美术创作加深了认识。同时也给听众填补了许多演讲者没有讲出来而又令人深思的空白，并让听众在美的享受和回味中，带着愉快的心情离开会场。

演讲者利用幽默结束演讲时，要做到自然、真实，使幽默的动作或语言符合演讲的内容和自己的个性，绝不要矫揉造作、装腔作势。否则只会引起听者的反感。

6. 引用诗文名句结束演讲

演讲的结尾，有许多方式可供我们参考，但所有的方式中，想要做得恰当，再也没有比以幽默的话，或引用诗文名句，最容易结尾的了。

事实上，如果你能引用适当的诗文名句作结束，那是最理想的，并可获得所希望的圆满，它将显出高尚优美。

作为中国四大演讲家之一的彭清一教授曾经在演讲结束时这样引用过一段名言："同志们，现在大家都在看《钢铁是怎样炼成的》这部电视剧。在这里，我想用保尔的那段名言结束这次演讲，'人最宝贵的是生命，生命属于我们只有一次。一个人的生命应该这样度过——当他回首往事时，不因虚度年华而悔恨，也不因碌碌无为而羞愧。这样在他临死的时候就能够说，我已把整个生命和全部精力都献给了最壮丽的事业——为人类解放而斗争'。"

由于大家都很熟悉这段话，所以当演讲者说出这段话后立即引起了听众的共鸣，使得大家都跟着一起朗诵了起来，大家合诵的态势造成了演讲会场上久久不绝的"余音绕梁"之效。

以上只介绍了常用的几种方式，值得注意的是，这些结尾在使用时并不都是孤立的，有时还可以两三种方式并用。另外，结尾同开头一样，也没有不变的程式，只要我们敢于创新，不拘一格，细心体会他人成功的经验，就会创造出精彩、新颖、言已尽而意无穷的结尾。

这几种结束语千万要不得

演讲的结尾，就是演讲的"收口""点睛"。美国作家约翰·沃尔夫认为"演讲最好在听众兴趣未尽时戛然而止"。其意就是说，最好在演讲达到高潮时果断"刹车"，以此来强化给听众的最佳印象。然而，有些演讲者在面对演讲的结尾时往往没有意识到结尾的重要性，结果使得本来精彩的演讲最后草草收尾。

1. 画蛇添足式

出人意料、耐人寻味才是我们要追求的演讲结尾，而平庸无奇、画蛇添足绝对是演讲的忌讳。演讲的内容应该含蓄、深沉，让人感觉余音绕梁、不绝于耳。该停止的时候及时停止，千万不可画蛇添足，破坏了演讲的整体效果。我们经常会看到有些演讲者，该讲的话已经讲完了，听众感觉演讲已经结尾了，但演讲者却还在喋喋不休，拖拖拉拉，没完没了地一直讲。例如，他们经常会说，"前面说的几点是非常重要的，在此我还想强调一下，再啰嗦几句"。这样的话语就是典型的画蛇添足。这必然会造成听众的心理疲劳和精神的困倦，让听众产生不满甚至反感。

2. 虎头蛇尾式

先是慷慨激昂，慢慢地变得有气无力，最后，如同一支空气阻力下终于跌落的箭。这种虎头蛇尾式的演讲，如强弩之末一样没有任何穿透力。

曾经听到过一个演讲，主题是"21世纪中国青年的担当"。开始时大开大合，有一种宏大叙事的大气。接着谈古今中外的历史、国际形势。结尾时，却冒出："在这个大好的时代，我们有什么理由荒废时日，不上进、不奋进呢？"

这样的结束语，空洞而又小气，使前面所有语言的力道尽失——箭终于跌落在地！

3. 冗长拖沓式

演讲的结尾可像豹尾那样，干净有力、干脆利落、短小精悍、简洁明快、新颖别致，以巨大的感染力，让听众的情绪激动、振奋起来。冗长拖沓、漫无边际的结尾是演讲最忌讳的。有些演讲者一上台，不论有事没事，还是大事小事，一开口就要讲几十分钟，甚至个把小时，没完没了，他们似乎认为说话时间的长短能体现自己的级别、水平，其实，人人都反感大、长、空、假的演讲。

4. 偏离风格式

就像一个人的穿着一样，你戴着礼帽，穿着西装西裤，脚上却蹬着一双白跑鞋，这个样子让人看了非常不协调。演讲也是如此，你原先的演讲风格如何，你的结束语也应该基本按照这个基调。你一本正经地作新产品推介报告，到结尾时突然如诗人一般地感性，用食指的《相信未来》作为结束语，这种格格不入让人听了有一种说不出的不舒服。

5. 过于谦虚式

耽误大家的时间啦。

我讲得不一定对，希望大家多多指教！

如果我在演讲中有什么冒犯各位的地方，请大家多多包涵！

诸如此类的话来做结束语，简直就是自扇耳光。如果你自己都把自己的演讲当成"耽误大家时间"，认为自己"讲得不一定对"，或有"冒犯各位的地方"，你为什么不努力不耽误、少耽误大家时间？为什么不拣自己有把握的、"对的"来说？为什么不能不去冒犯大家？——你是不屑于去做还是没有能力做到？

常言道：过分的谦虚等于骄傲。在演讲结束时，你过分的谦虚会招来误会或轻蔑：哦，他原来在说一些连自己都没把握的话，看来他的演讲不可信。这样的结果，是你所想要的吗？

6. 千篇一律式

有些演讲者开始讲得不错，但要结尾时就落入俗套，总要说一些做作、令人生厌的客套话，使听众像吃了一粒发霉的花生米那样，破坏了满口的香味。譬如说，"今天我讲到这里，本来是不准备发言的，但主持人一定要我说，我就恭敬不如从命，由于时间关系，本人水平有限，加上没有准备，对情况也不了解，所以就泛泛而谈，随便说说，以上几点不成熟的意见仅供参考，谈得不对的请批评，说得不好的请指正"。这就是典型的陈旧、庸俗、平淡无味、废话连篇的套话，这是演讲结尾中千万要杜绝的。

第九章

互动：
别把演讲当成一个人的舞台

> 爱因斯坦到一所大学演讲，在车上，司机对他说："听了无数遍您的演讲，现在我都会了。"爱因斯坦笑着说："你来作这次演讲好了。"结果，司机被介绍成爱因斯坦，并作了这次演讲，取得成功。最后，有听众问了一个关于量子力学的问题。司机不会，他灵机一动，说："问题很简单，我相信我的司机都会，就让他来回答吧。"于是，装作"司机"的爱因斯坦走上台，回答了问题。
>
> 透过这个幽默，可以看出，即使你有很完美的演讲稿，也不一定能作出好的演讲。在演讲中，演讲者与听众在一问一答中，如同跳一支舞。这支舞跳得好不好，主要靠演讲者如何带。

回答问题也是演讲的内容

问题回答得是否精彩，对于演讲的作用非常重要。一场平淡的演讲，如果听众答疑做得好，完全可以让整个演讲给人留下很好的印象。反之，即使你之前的演讲很出色，但在答疑阶段表现不佳，也可能将整场演讲的良好效果破坏掉。

演讲者在演讲答疑时，要注意以下几点：

1. 说明提问的时间

你如果不习惯在演讲过程中被提问打断思路，可以在演讲开始阶段告诉听众："在我的演讲结束后，我将很高兴接受大家的提问。"或者，在演讲过程中，当有人第一次提出问题时，你可以借机表达自己希望在演讲正文完成后再进行答疑。

2. 专心地听问题

专心地听，除了能保证你听得清楚外，还意味着你对听众的尊重。这是一种沟通交流的礼仪。当听众提问的时候，要看着他的眼睛，不要四处张望或盯着其他地方。如果他提问时因为紧张或准备不足而"卡壳"，你要用鼓励的眼神注视他，鼓励他继续说。如果他还是结结巴巴不知所云，你应该主动给予提示，帮助他表达出自己的问题。如，"您的意思是不是……"

3. 确保所有听众都听到了问题

很多演讲者忽略了这一点。由于提问者的声音太小或表达方式欠佳，演讲者本人是听清楚了问题，但其他听众却不一定听清楚了。结果，你有的放矢地回答问题，其他听众听了却有无的放矢的感觉。记住，你回答问题看似针对的是个人，但个人的问题代表的是全体听众。因此，演讲高手在听到听众提问时，会用重复问题的方式来告知全体听众，比如，要如何才能确保资金用于科研而不被挪用呢？对于这个问题，我……

演讲答疑时要特别注意三个问题：一是如果你不习惯在演讲过程中被提问与答疑打断思路的话，最好在演讲开始不久明白地告诉听众，"在我的演讲结束后我将很高兴接受大家的提问"；二是在有人向你提问时，你一定要看着提问人，而当提问人说完，轮到你回答问题时，你应该对着全体听众说，而不是只对着提问人说；三是不要让一部分人占据了你所有的答疑时间，要尽量回答不同听众的问题，要尽量公平对待听众，要记得照顾大多数听众。比如当你开始回答提问时，你可以这样告诉听众："限于时间，很抱歉，每个人一次只允许提一个问题。"

面对刁难的问题怎么回答

一般性的问题好回答，真正考验演讲者的是一些刁钻古怪的难题。如果你不能有效地解决难题，你的演讲本身就会成为一个"难题"。在此，向大家介绍一些如何回答那些貌似很难的问题的方法。

1. 设定条件

对方提问的内容，有时可能很模糊，有时很荒诞，甚至很愚蠢，以致使人很难回答。这时，我们在分析清楚的前提下，可以用设定条件的方法。

有这样一个故事。有一天，国王指着一条河问阿凡提："阿凡提，这条河的水有多少桶？"阿凡提答："如果桶有河那么大，那只有一桶水；如果这个桶有河的一半大，那么就有两桶水……"

阿凡提回答得十分巧妙。因为这个问题很怪，国王故意想难倒阿凡提，他无法直接回答。只能先设定一个条件，才有相应的结果。条件不同，结果也就不一样了。

还有一个例子。

问："今天有一只黑猫跟着我，这是不是凶兆？"
答："那要看你是人还是鼠。"

前者的问话很无知，回答时无法给他详细的解释。设定一个条件，其结果不言而喻，而且极幽默地讽刺了问话者的愚昧。

2. 反转问题

一些听众会问你一些令你尴尬的问题。不要出汗，把问题反过来看。例如，一个提问者做出一个很不耐烦的表情，然后问："我们的工资为什么那么低？"不要采取防守措施，只要回答说："你希望工资是多少呢？"这叫作智力柔道，你可以用问题的本质来反击提问者。

3. 巧借前提

巧妙地利用对方的问话，在回答时也能收到良好效果。其中仿照和借用问话中的情态和词语，演变出一种出人意料的应答，是应付问话的一种较为理想的方法。

第九章 互动：别把演讲当成一个人的舞台

1972年5月，在维也纳一次记者招待会上，《纽约时报》记者马克斯·弗克兰尔向基辛格提出美苏会谈的程序问题时说道："届时，你是打算点点滴滴地宣布呢？还是来个倾盆大雨，成批地发协定呢？"基辛格停了一会儿，一字一板地答道："我们打算点点滴滴地发表成批声明。"会场顿时哄堂大笑。

基辛格巧妙地利用对方的问话，仿照问话的词句和情态，用幽默风趣的话语与记者周旋。

4. 建立过渡桥梁

一个政治家是这样回答问题的："蓝斯顿议员，你打算提议反对加税吗？""好的，这位先生，你想要知道我是否要提议反对加税。你真正的问题是'我们是怎样为更多的美国人民兜里面赢得更多的钱'？让我告诉你我对于复苏经济的12步计划……"

议员建立了过渡桥梁，他用一句话从他想要避免的问题过渡到他想要阐述的论题。运用过渡桥梁所要注意的是：用它绕开你不喜欢的问题，但不要完全回避它，在你回避问题的时候你会失去信赖，你至少要做出想要回答问题的表情。

5. 否定不存在的问题

假如太阳从西边出来怎么办？假如羊长了翅膀如何圈养？这些假设性的问题完全没有实际意义。你没有必要陷入这些假设问题的沼泽中去，还有更多实际的事情需要你去考虑。在你的演讲中，一般不会有这样极端的问题，但类似的问题还是有的，对这些问题，你应该用一句话给予否定："我认为这种情况不会发生，如果大家没有意见的话，我们跳过这个问题。"然后把提问的机会交给下一个听众。

问题可以猜，答案不要猜

演讲时有听众提问，并不是什么坏事。相反，有人提问是好事，至少表明他对你的演讲有兴趣。此外，也在一定程度上帮你完善了演讲的遗漏点，增强了演讲的说服力。

就像迎接考试一样，最好的成绩除了需要基本功扎实外，若是善于事前"猜题"，一定能得高分。演讲者在演讲前，有足够时间的话，完全有必要在"猜题"上下点功夫。如果你是进行学术或技术性的演讲，一些听众可能会问到重要的数据，你一定要预先准备好以便迎接"考试"。而对于说服性的演讲，听众质疑与反对你的观点是难以避免的，想一想，他们会如何质疑与反对你，你又将采取什么说辞来回应与说服他们。

作为演讲者，你在准备演讲词时，最好先预测听众可能会有哪些问题提出来，并准备好你的答案。你可以熟记答案，也可以写在演讲稿的最后，或写在一张纸片上。

你要猜听众可能问的问题，但永远也不要去猜答案。知之为知之，不知为不知。如果你不知道问题的答案，千万不要去蒙。这是通往信誉破产的单程票。也许你蒙对了，但概率实在太小。而一旦你蒙错了，当场就会受到听众猛烈的质疑与反对。就算你运气好，一时蒙混过关，但日后听众们总会知道你在忽悠与欺骗他们。也许有人会以为，如果自己老老实实地用"对于这个问题的解决，我猜测应该可以……"之类的句型来作答，就可以免除猜测错误的责任。但你要注意：一个用"猜测"来作答的人，不管猜对还是猜错，得到的都是听众的不信任。

那么，在面对自己无法回答的问题时，该如何回应呢？哑口无言显然不行，你可以试试下面的三个方法。

1. 请求听众帮助。如"这位先生的问题很有意思，现场听众有谁知道答案吗？"有的话就好办了，万一没有，可以用下一招。

2. 坦白地承认自己也不知道。只是你在坦白承认自己"不知道"时，一定要记得告诉提问的人：如果以后自己知道了答案，再转告他。例如，"这个问题我目前也不能做出一个全面的解答，您不妨留下您的联系方式，等我找到答案后再告诉您。"这样做并不失面子。顺便说一句，你并不一定要先请求听众帮忙再走这一步，你完全可以在听到自己无法回答的问题后，直接用这个方法作答。

3. 告诉听众一个找到答案的方法。例如，"具体的详细数据在我们公司的网站上可以查到，你可以登录到网址……"或者，告诉他在某个工具书或其他地方可以找到答案。

小心三种听众的提问

需要注意的是，有三种听众的提问你要当心。

第一种是想借机表现自己的人。这类人并没有真正想要问你的问题，而只是想趁此机会在大家面前表现一番。碰上这类有表现欲的听众，你要果断而适时地插话以结束他的"演讲"。你可以为他的意见做一个没有实质意义的总结，如"谢谢你告诉大家你的见解"，然后将眼神转到其他听众，以切断他滔滔不绝的可能性。或者中途打断，要求他直接提出要问的问题，夺回主导权。

第二种是希望与你长谈的人。这种人开始也许确实有问题要问，但是你做出回答后他不愿意罢手。对待这种情况的最好办法是果断地结束谈话，但是要对他或她表示称赞或发出邀请。比如，"谢谢你，你给了我很有意思的启发。也许散会后你可以抽时间找我，我们再谈一谈"。

第三种是想寻衅滋事的人。听众愿意听到一些理智的异议、探究或者质疑，但是他们有时也会欢迎有人提出敌意的问题。有时候发问者会变得咄咄逼人以至于气势汹汹，对演讲者进行个人攻击。显然，他们不是为了寻找问题的答案，而是企图破坏你的可信度。对此不要勃然大怒，如果就别人的羞辱为自己辩护，这样会正中他们的下怀。挑出这个人恶言相向的核心内容，解释清楚问题的实质，镇定而理智地回答这个问题。

简而言之，要像外交官那样气度沉稳地对待这些破坏会场秩序的人。记住，与起哄者不同，他们是受邀前来听你的演讲的。不要试图出言不逊或者直接嘲讽，以使他们住嘴。同样，如果不明就里的问题让你大为惊讶，或者提出的是一些无知或误解的问题，你应该耐心作答。不要给发问者难堪或者直接指出他们的错误。

第十章

即兴：
演讲者的至高境界

即兴演讲犹如军事上的突然袭击，经常会搞得当事人瞠目结舌、手足无措。比如，你去参加一个例行会议，本来没有安排你演讲，可是主持人临时请你"讲几句"。你参加某个酒会，由人提议或情势所迫，你"不得不"讲几句。还有些情况下，你知道自己需要讲，但讲什么需要根据即时的情况而定，不能够事先做准备。还有一种情况是，你没打算也没有人邀请你演讲，但你被当时的环境所触动，主动要讲。

总之，即兴演讲没有什么时间来让你准备，你必须即时开讲。讲什么呢？如何讲呢？

成功即兴演讲的5个要求

即兴演讲因是临场之作，难度相对来讲要大一些。所以，对演讲者的要求也不同于其他演讲。

1. 组合要快速

即兴演讲多出于临场指派，在此之前，你可能不仅没有做好内容准备，甚至连心理准备也没有，但受人指派委托，或是情之所至不吐不快，非讲不可，而现场又没有充裕的时间让你准备，你只能进行快速组合。这就要求你尽快地选定主题，然后将平日累积的相关材料围绕主题组织起来，再选择合适的语言将它们表述出来。

2. 要抓触点

所谓触点，是指可以由此生发开去的事或物。即兴演讲需要因事起兴，找到了触点，就找到了起兴的根本，有了谈话的由头；抓不到触点，很可能会陷入无话可说的尴尬境地。

具体情景中，有许许多多可以供我们发挥的素材，比如，地点、时间、人物、事件、景物等等，只要我们善于捕捉、善于生发，作一次成功的即兴演讲就不是一件太难的事了。

鲁迅很善于随机应变展开演讲。他在厦门大学研究院任教时，校长林文庆常克扣办学经费，刁难师生。一次，林文庆把研究院负责人和教授都找来开会，提出要将经费再减掉一半，大家听后纷纷反对，可是又说服不了林文庆。林文庆怪声怪调地说："关于这件事不能听你们的，学校的经费是有钱人拿出来的，只有有钱人，才有发言权！"说完后，林文庆洋洋得意地双手一摊，在场的人都怔住了，面面相觑，无话反驳。突然，鲁迅"刷"地站起来，从口袋里摸出两个银币，"啪"的一声放在桌上，铿锵有力地说："我有钱，我也有发言权！"鲁迅借林文庆的话随机应变，冷不防地反驳使林文庆措手不及。接着鲁迅慷慨陈词，大谈经费只能增不能减的道理，一款一项，有理有据，林文庆被驳得哑口无言。

鲁迅先生"拍钱而起"这个触点就抓得非常好。

3. 要言简意赅

受场合、事件、内容、时间的限制，即兴演讲不允许演讲者做长篇大论的演讲，必须言简意赅，正所谓：有话则长，无话则短。

言简意赅的关键就在于演讲者要紧紧抓住演讲主题，围绕主题选材，组织结构，不枝不蔓，语言精确，要言不烦，争取做到言有尽而意无穷。

4. 要生动活泼

即兴演讲还有一个要求是生动活泼，以增强临场气氛，服务活动主旨。演讲者可用听众比较熟悉的特定地点、特定节目，或具有某种象征意义、纪念意义的实物等来设喻，将抽象的道理说得生动形象，增强演讲的通俗性和说服力，使人听起来亲切动情。如著名爱国将领续范亭先生在晋绥边区抗战学院开学典礼上的演讲，开场就说："我作为你们的校长，不是别人要你们服从我个人，不是的！而是要你们服从革命。今天礼堂门口挂着'熔炉'两个字，很好。现在中国有三个熔炉，一是延安和各个边区，八路军和新四军所在地——这是革命的熔炉；二是大后方的熔炉，有革命的，也有施行顽固教育的；三是汪精卫——日本奴才的熔炉……"他即景生情，随手拈来，把性质不同的三种环境比作影响人、改造人的三种不同的"熔炉"，加深了学员对革命熔炉的理解，反映出演讲者的才思敏捷，使听众油然而生敬意。

5. 要懂得收放

即兴演讲常常是由某种特定的场景、特殊的时代与场景所引起的。时代与场景的刺激触发了演讲者的灵感，使之产生了不吐不快的欲望。然而，有些人却不管不顾，只要兴致一来便忘乎所以，一发挥便如黄河决了口，再也收不住。俗话说，识时务者为俊杰。演讲者如果不会见机行事，随机应变，就算是有口才也只能令人生厌，让听众感觉"腻"。

用"三定、四问、五借"快速构思

一般来说，在构思即兴演讲的内容时，可以遵循"三定""四问""五借"的模式。

1. 三定

要在接到即兴演讲的邀请时，快速确定话题；快速确定观点；快速确定范围。没有话题，就没有抓手，没有入门之路，没有思考的方向；没有观点，就没有主题，没有核心，没有思考的基点；没有范围，就没有框架，没有限制，没有思考的约束，无法快速构思成篇。

"三定"是即兴演讲快速构思的第一件大事、第一步工作。某校有位学生会主席，参加一个班级"关于培养良好学习习惯"的主题班会，临时被班长邀请作即席发言。他先快速确定话题为"三岁定八十"；再快速确定观点为"青少年时期养成的良好习惯将影响人的一生"；然后快速确定范围为"中外成功人士如何在年幼时培养好习惯，当代学生如何培养好习惯"。

"三定"使他成功地快速构思，面对"突然袭击"仍能从容不迫，应对自如。

2. 四问

快速构思时必须向自己提出四大问题：什么时间、什么听众、什么场合、别人已经讲过什么内容。这"四问"能从四个方面约束思路，快速找到即兴演讲的框架。

有位因家庭动迁而新转学到某校就读的高二学生，在新学期伊始的班会上接到班主任让他作即兴发言的邀请，他在短促的时间里快速"四问"，得到的答案是：新学期面对新伙伴、新老师，在气氛热烈的迎新（新世纪、新学年）场合中，在其他人已经说了许多迎新决心的时候发言，必须特别注意"针对性"，要讲既符合听众需要，符合会议主题，又具有新鲜感的内容。他巧妙地由"动迁"想到"辞旧"，要迎新必先辞旧，要和这么好的新伙伴、新老师一起学习，必先"辞"掉自己身上的种种"旧"习惯、旧方法、旧想法。他以"辞旧迎新"四个字迅速构思了一席符合"四问"结果的即兴发言，获得了热烈的掌声，同学们兴奋地评价：来了一位"出口成章"的"口才专家"。

3. 五借

即兴演讲的快速构思要有可循之路，这些思路可归纳为"五借"，即借题发挥、借事发挥、借景发挥、借地发挥、借话发挥。

第一，借题发挥。即巧妙地借用会议的议题作发挥。或剖析议题的概念，或对议题作引申发挥，或阐述议题蕴含之义，等等，以此列出若干层次，发表感受。语言学家张志公参加一次演讲研讨会，被邀请即兴发言。他稍加思索，脱口说道：

我有自知之明，我不是演讲家。因此，我先做个声明，我讲话不超过五分钟。

演讲是科学，演讲是艺术，演讲是武器。什么是科学？科学是对客观事物的规律的认识。演讲没有规律吗？不能认识吗？不是的，它是有规律性的，所以说它是科学；演讲不仅诉诸人类逻辑思维，而且诉诸人类形象思维，不仅要用道理说服人，还要用感情感染人，所以说它是艺术；演讲捍卫真理，驳斥谬误，所以说它是武器，而且是重要的武器。

张志公的这番话是从"演讲"这个题目出发，剖析其概念，从"科学""艺术""武器"三方面一一道来，条理清晰，论点鲜明。如果我们参加"创新思维讨论会""学习方法交流会"等会议，也可从"创新思维""学习方法"等题目入手，剖析概念，阐释含义，快速构思好发言思路，作一席精彩的即兴发言。

第二，借事发挥。即巧妙地借用会议内外的一些事情，找出这些事情与会议主题的某些关系，进而深入阐述，成为一席发言。

在某次企业会议中，桌上有水果招待。一位领导吃橘子后说牙齿不好，吃一个就不能再吃了。另一位领导便借用这件事发挥，快速构思了一席很成功的发言：

"我昨天掉了一颗牙，我的孙子最近也掉牙。我们两人掉牙有本质不同。我掉牙是衰老的表现，而我孙子掉牙却是成长的象征。同样，企业改革中出点问题，就像小孩子掉牙一样，是新生事物发展中的问题。前进中的问题，本身就包含着解决问题的因素。只要继续前进，问题就会解决。"

这席话中借用"掉牙"的事，以此与改革中的问题作类比，形象、生动、自然。作即兴发言时，如能从生活里发生的新鲜有趣的事情中借用一两件，以此同类相比，深入问题的本质，常能快速有效地构思成篇。

第三，借景发挥。即巧妙地借眼前之景、生活之景，乃至会场之景，以此生发，常能迅速形成发言的由头，并以此构成全篇的框架。

作家郭风去闽北参加一个笔会，当主持人宣布笔会开幕时，门外适时爆响一串鞭炮，这使会场顿时增添了几分热烈的气氛。接着，发言者陆续开始念发言稿。当郭风被邀作即席发言时，他脱口说道："我想今天会议的气氛特别感人，因为就在刚才鞭炮响时，我看见有两只蝴蝶从窗外飞了进来。我看见那是两只小小的孱弱的，但又十分美丽的蝴蝶，我以为它们就是被我们的笔会所吸引而飞来的，由此我也被深深地感动了……"话音未落，全场已响起一片热烈的掌声和由衷的笑声。

郭风巧借会场之景，作为发言的引子，自然而贴切。我们在作即兴发言时，也可借会场中的某一摆设、某一幅画、某一种情景，或借用会场外的某种景物，以此作引子，能取得"由具体到抽象"的好效果。

第四，借地发挥。即巧妙地借用会议地点，为发言服务，引出一番妙语。香港回归前某一年年底，香港宝莲禅寺天坛大佛举行开光典礼，新华社香港分社社长周南和港督彭定康均应邀作为主礼嘉宾。仪式过后，彭定康借回答记者提问，无端指责我"港澳办"关于香港问题的声明"并不是一份有特别吸引力的圣诞礼物"。周南闻言，便借用宝莲禅寺这一佛门圣地，说道："谁搞'三违背'，定会苦海无边、罪过！罪过！谁搞'三符合'，自是功德无量，善哉！善哉！"说罢，再加上一句"阿弥陀佛"，引得在场的人哄堂大笑，那个挑衅的彭定康则羞得无地自容。借用会场所在地，阐发一些与之相关的道理，引出一些妙语，常能为构想整篇发言带出一段生动的引子，进而理出清晰的思路。

第五，借话发挥。即借用前几位发言者讲的某一句话作发挥，或肯定，或质疑，或引申，进而快速构思成一席发言。如有同志参加某市推广普通话研讨会，与会者大多是各区县负责推广普通话工作的干部。他在前面六七个人发言后，接口说："方才几位的发言极好。一位说她自1982年起从事推广普通话的工作，屈指算来，至今已有18个春秋了，可称之为'老普'（听众大笑）。这种坚持平凡工作的韧性很可贵。另一位说她搞推广普通话用'挤进去'的态度，'挤'得好呀！应当'挤'（听众活跃）。推广普通话，要打持久战，要有韧劲；还要有'夹缝中求生存'的'挤'劲，但我以为还可以加一条，即"钻"劲。因为推广普通话还有很多学问，非刻苦钻研不可……"

这一发言，既肯定前几位发言的可取之处，又巧作发挥，阐明自己的观点。这种"借话发挥"，常能使沉闷的会场为之一振——被提到的发言者会因你的肯定而高兴，乐于倾听；其他人会因你从刚才的发言内容谈起而感到亲切；主持人会因你从会议本身取材而感谢你，觉得你是紧扣会议内容的。

"三定、四问、五借"是快速构思的重要法宝。这个法宝来自实践，又在实践中发展。

打破无"兴"的尴尬

兴者，兴致、兴趣也。即兴演讲既要即兴发挥，又要讲得"兴"味十足，这才能吸引听众，激发听众的兴趣。那么，如何让即兴演讲的"兴"更浓呢？

1. 投其所好

即兴演讲一般常在小规模、小范围内进行，主题较单一，针对性也强，这样就更需要了解听众的口味，捕捉听众的心理。只有做到见什么人说什么话，投其所好，才能触发听众的兴奋点，增加演讲的"磁性"。比如，在中国人民的老朋友——美国记者安娜·路易斯·斯特朗八十诞辰的庆祝会上，周总理就巧妙地抓住西方女士喜欢别人说她们年龄小的特点，并与中国称"斤、里"时比"公斤、公里"数值小一半的情况联系起来，于是就笑着要大家为斯特朗的四十"公岁"举杯庆贺。全场来宾听后皆捧腹大笑，斯特朗则笑出了眼泪。周总理演讲一开始便让人感到兴趣盎然，从而取得了成功。

2. 顺手牵羊

这个成语本来比喻顺便拿走人家的东西，在即兴演讲中则指把别人刚说过的话（或主旨）顺手牵来为己所用，舀他人池中之水，兴自己湖中之波，既方便又有趣。只要用得自然巧妙就可为自己的演讲增光添彩。

1948年，郭沫若在萧红墓前即兴演讲时就采用了这一招。他简单谈了"五分钟演讲"之困难后，就顺手"拿来"另一位演讲者的话："我听了刚才×先生的2分钟演讲，太漂亮了！他说，人民的作家萧红女士，一生为人民解放事业奔走，到头来死在这南国的海边，伙伴们把她埋在这浅水湾上。今天，围绕在她周围的都是年轻人，今后的日子里不知有多少年轻人来围绕着她。朋友们！我们是年轻人，我们没有悲伤，我们没有感慨，请大家向萧红女士鼓掌。太好了，我的5分钟演讲只好改变计划了，让我把年轻引申来说一下吧。"

他的话立即使气氛变得轻松活跃起来。本是重复他人的话，却说出了自己想说的意思；本是"投机取巧"，却显得机智风趣。既赞扬了别人，又为自己的演讲起了兴、助了兴，真可谓顺手牵羊，一举两得。

3. 自我解嘲

在即兴演讲中，演讲者如能适时、适度地自我解嘲，"歪曲"一下自己，是有高度智慧和教养的表现。演讲者可以此提升幽默，来"润滑"演讲者与听众的关系，增加演讲的趣味。

1930年2月9日，蔡元培恰逢70岁生日，上海各界人士在国际饭店为他设宴祝寿，他在答谢时风趣洒脱地说："诸位来为我祝寿，总不外乎要我多做几年事。我活到了70岁，就觉得过去69年都做错了。要我再活几年，无非要我再做几年错事喽。"宾客一听，哄堂大笑，整个宴会充满了欢声笑语。

试想，如果他摆出一副严肃相，一本正经地致答谢辞，就不会造成这样轻松愉悦的气氛。

4. 暗度陈仓

"明修栈道，暗度陈仓"是作战时正面迷惑敌人，然后从侧面突然袭击的一种战略。在即兴演讲中表现出的特点是，表面上即兴发挥，谈与正题无关的事，实际上是在为"挂档"起步到正题上作铺垫"滑行"。

5. 随机应变

即兴演讲常常是由于某种特定的场景、特殊的时境所引起的。场景或时境的刺激触发了演讲者，使之产生了"不吐不快"的欲望。然而有些人只要兴致一来便忘乎所以，发挥起来便如黄河决了口再也收不住。俗话说，识时务者为俊杰，演讲者如果不会见风使舵，随机应变，就是有口才，也只能令人生厌，让听众厌烦。

6. 对比映衬

1991年11月，李雪健因主演《焦裕禄》的主角焦裕禄，而同时获得"金鸡奖"和"百花奖"两个大奖,他在答谢时没有用别人常说的毫无新意的套话,只是诚挚地说:"苦和累都让一个大好人——焦裕禄受了,名和利都让一个傻小子李雪健得了。"他的话刚停,全场掌声雷动。

他的演讲不仅让人"开胃"开心,而且让人了解了他的人格,对他生出了几分敬佩。他的演讲同他的形象一样印在听众心中了。

遭遇思维"卡壳"怎么办

在即兴演讲过程中,有时会出现思维突然中断,一下子讲不出话来的"卡壳"现象。没有演讲稿在手供你阅读,如果你不能及时有效地续接演讲,就可能使自己陷入无法摆脱的窘境,并由此而导致整个演讲的失败。

在一次以"公正自在人间"为主题的演讲中,某演讲者说"什么是公正?世界上有真正的公正存在吗?"这个时候,他情绪激昂,语调铿锵有力,但另一方面,他发现自己的大脑突然一片空白……

演讲者当时有些紧张,但很快定了定神,只见他微笑了一下,刚才激昂的语调变得有些低沉,语速也慢了下来,接着讲道:

"其实对于这点,我也常常感到困惑和茫然,有时我也不相信这世界是公正的,就在登台之前,我还自嘲地去想,你真的相信'公正自在人间'吗?所以我很想听听大家的想法。"

此言一出,真是一石激起千层浪,也激发了大家的思维和好奇心。他走下演讲台,点了几个想要发言的听众,请他们说出各自对于公正的理解。于是,演讲者就利用听众思考回答的这段时间,思考下一步该讲什么。

听众回答完，他接着说：

"听了大家的一席话，困惑我多时的难题突然间变得简单而明了，我想发自内心地说一句，公正自在人间！刚才大家的话让我突然想起一篇以前看过却未认真思考过的文章。文章讲的是，曾有一位外国的编辑，他经常会收到一些小读者的来信，信上问他上帝是不是公正的，为什么好孩子经常会吃亏呢？他也很困惑，不知道怎么向孩子解释，可在一次参加别人的婚礼时，牧师的一句话给了他很大的启发，他终于找到了一个合理的解释——上帝是公平的，他让好孩子成为好孩子，这就是对好孩子最大的奖赏啊，所以好孩子有时会受到一些委屈，但和上帝给予的奖赏比这些又算得了什么呢？"

演讲者说完，台下响起雷鸣般的掌声。这位演讲者是聪明的，在忘词之后，他并未自乱阵脚，而是积极思考，通过向听众提出问题，为自己赢得了时间。

面对"卡壳"，演讲应该如何处理呢？下面有几种对策，演讲者不妨试试，也许会帮助你从演讲的"卡壳"中解脱出来。

1. 向听众提出问题

在演讲过程中，你刚说完一层意思，却不知道往下说什么了。这时该怎么办？其实，你可以承接语意，巧妙地提出一个有针对性的问题，以这种方式调整思维指向，往往能够达到续接演讲的目的。比如，你讲了"年轻人应当善于抓住机遇"的道理之后，突然卡壳，这时，你可以向听众提一个问题，"那么，我们应当怎样做，才能抓住机遇呢"？这样，思路一打开，讲下去也就很容易了。

2. 避开自己不懂的地方

很多时候，有些卡壳的场面是由于暂时性遗忘造成的，那些遗忘的地方就是所谓的"盲点"。一旦出现"盲点"，你不必同它周旋，明智的办法是跳过去，避开"盲点"，继续讲后面的内容。

3. 临时插入话题

在演讲"卡壳"时，你可以观察一下现场和听众，临时说几句其他的话题。比如，你可以这样说："我想，在座的各位也许就有人经历过这样的事，有着与我相同的感受。"或者，你也可以这样说："讲到这里，我发现有人在下面小声议论，我很想听听大家的高见，还请大家多多指教！"

临时插入话题实际上就是与听众现场交流，而且它很有可能就会成为你解脱"卡壳"的契机，这时你就有了思考的时间，认真想想下面说什么。

4. 想一想演讲的题目

有时候，"卡壳"是没有演讲稿造成的，也可能是任意发挥造成的。这时，你可以想想自己演讲的题目是什么。题目是演讲内容的核心，它往往能够触发你的灵感，调动你脑中相关的信息，让你有话能继续讲下去。

5. 不妨适当重复

在卡壳时，你不妨把刚才说过的话再重复一遍，也许会帮你突出重围。因为重复容易激活思维的"惯性"，迅速消除记忆障碍，使你演讲的语意一下子就连贯起来了。如果你衔接好了，听众还以为你在强调某个问题呢！

6. 变换角度去想

面对"卡壳"的尴尬，你可以变换一下角度去想，也许思路就被打开了。比如，你谈学习上成功的经验，突然没词了，那就说一说学习中的教训吧，也同样会给听众以启发；你想举出他人的例子来阐述"人生在于拼搏"的道理，突然没词了，这时你不妨谈谈自己的人生经历和感受，一样可以突出主题。

既"即"之，则"兴"之

既然是即兴演讲，就要讲究一个"即"与"兴"。所谓"即"，也就是有不确定性、即时性与即事性之意；而"兴"则含有兴趣、兴致与助兴之意。

即兴演讲常常是"突然袭击"式的。比如你参加会议，本来没有安排自己演讲，临时出现需要你"讲几句"的情况。即事——也就是说，要抓住当下之事的话题即兴发挥讲几句。若你扯到老庄哲学、外国文学等，那可是跑题，所以你要就事论事。此外，即兴演讲一般要求一事一议，不可信口开河，也不允许信马由缰。

再谈即兴演讲之"兴"。别人有兴致才会邀请你演讲，或者你自己来了兴趣，有话在喉不吐不快。例如你参加下属的婚宴，司仪可能会请你说几句；你参加下属的演讲，被某个人的话所深深触动——这时，都是你即兴演讲的时机。

既然别人有兴致听你讲话，你还是得助兴。如果是应别人邀请即兴演讲，自己却礼貌性地推却，那未免不够通情达理。这种推却一般是大家都心知肚明的，做个谦虚的姿态之后，对方一般还是会"坚持"要你讲几句，这时你要是仍拒绝，则有败兴之嫌。出于礼仪，你确实不得不做个即兴讲话。这种讲话，固然有"应景"与"多此一举"的嫌疑，但为了不扫兴，只能恭敬不如从命。因为人家邀请你即兴演讲，是尊重你；而你应邀演讲，也是尊重对方的一种表现。

总之，即"即"之，则要"兴"之。要想让即兴演讲"兴"得更浓，即兴演讲者应具备一定的素质：

1. 一定的知识广度

只有学识丰富，才能在短暂的准备时间内从脑海中找到生动的例证和恰当的词汇，为即兴演讲增添魅力。这就要求演讲者具备一定的自己所从事的专业知识，并能了解日常生活知识，如风土人情、地理环境等。

2. 一定的思想深度

这是指即兴演讲者对事物纵向的分析认识能力。演讲者对内容应能宏观地把握，通过表层迅速深入到事物本质上去认识，形成一条有深度的主线，围绕着它丰富资料，连贯成文，以免事例繁杂、游离主题。

3. 较强地综合材料的能力

即兴演讲要求演讲者在很短的时间里把符合主题的材料组合、凝练在一起，这就要求演讲者应具备较强的综合能力，有效地发挥出其知识的广度和思想的深度。

4. 较高的现场表达技巧

即兴演讲没有事先精心写就的演讲词，临场发挥是特别重要的。演讲者在构思初具轮廓后，应注意观察场所和听众，摄取那些与演讲主题有关的人物或景物，因地设喻即景生情。

5. 较强的应变能力

即兴演讲由于演讲前无充分准备，在临场时就容易出现意外，如怯场、忘词等等现象。遇到这种情况，只有沉着冷静，巧妙应变，才能扭转被动局面，反败为胜。

鲁迅先生曾说过这样一个故事：有一户阔人家在孩子满月时举行庆宴，前来庆贺的人见到孩子，有的说孩子将来一定能当大官，有的说孩子将来定能发大财，有的说孩子将来一定能成就大事业，等等。

这时有一个人却说："这孩子将来会死的。"

前人都是随口奉承，没有根据；最后一人所言确有根据，符合客观规律。但从口语表达的效果看，对前者，主人眉开眼笑，连连道谢；对后者则怒气冲天，棍棒相加。孩子满月是喜事，主人这时当然愿听赞美之词，尽管是信口之言；而说孩子将来必死确是有据之言，却使主人反感，因为言语与场合和喜庆的气氛不相协调。由此可见，在庄严的场合演讲也要庄严，在轻松的场合演讲则要轻松，在热烈的场合演讲应当热烈，在清冷的场合演讲必定要清冷，在喜庆的场合演讲也要喜庆，在悲哀的场合演讲一定悲哀。

令听众扫兴的演讲，除了那种不切时、不应景的即兴演讲之外，那类滔滔不绝的长篇大论往往也是令人生厌的。即兴演讲讲究的是短小精悍、有感而发，长则十分钟，短则两三句话。

马克·安东尼在恺撒葬礼上的即兴演讲

公元前44年3月15日，罗马统帅恺撒大帝在元老院被罗马元老贵族刺杀，为首的是深受他信任的布鲁图斯。作为主谋，布鲁图斯做了恶人还先告状。他跑到街上公共讲坛上，大谈杀死恺撒的必要性，极力为自己开脱罪责；同时，又信誓旦旦地把自己装扮成正人君子的模样。听了布鲁图斯的演讲，群情沸腾了，他们认为杀死恺撒是件大快人心的事，布鲁图斯为民除害是英雄。请看此时执政官马克·安东尼是怎样说服听众让听众接受他的观点的。

各位朋友，各位罗马人，各位同胞，请你们听我说。我是来埋葬恺撒，不是来赞美他。人们做了恶事，死后免不了遭人唾骂，可是他们所做的善事，往往随着他们的尸骨一齐入土。让恺撒也这样吧。尊贵的布鲁图斯已经对你们说过，恺撒是有野心的，要是真有这样的事，那诚然是一个重大的过失,恺撒也为了它付出残酷的代价了。现在我得到布鲁图斯和他的同志们的允许——因为布鲁图斯是一个正人君子,他们也都是正人君子——到这儿来在恺撒的丧礼中说几句话。他是我的朋友,他对我是那么忠诚公正,然而布鲁图斯却说他是有野心的,而布鲁图斯是一个正人君子。他曾经带许多俘虏回到罗马来,他们的赎金都充实了公家的财库,这可以说是野心者的行径吗?穷苦的人哀哭的时候,恺撒曾经为他们流泪,野心者是不应当这样仁慈的。然而布鲁图斯却说他是有野心的,而布鲁图斯是一个正人君子。你们大家看见在卢柏克节的那天,我三次献给他一顶王冠,他三次都拒绝了,这难道是野心吗?然而布鲁图斯却说他是有野心的,而布鲁图斯的的确确是一个正人君子。我不是要推翻布鲁图斯所说的话,我所说的只是我自己所知道的事实。你们过去都曾爱过他,那并不是没有理由的,那么什么理由阻止你们现在哀悼他呢?唉,理性啊!你已经遁入了野兽的心中,人们已经失去辨别是非的能力了。原谅我。我的心现在是跟恺撒一起在他的棺木之内,我必须停顿片刻,等它回到我自己的胸腔里。

就在昨天,恺撒的一句话可以抵御整个世界,现在他躺在那儿,没有一个卑贱的人向他致敬。啊,诸君!要是我有意想要激动你们的心灵,引起一场叛乱,那我就要对不起布鲁图斯,对不起卡西乌斯。你们大家知道,他们都是正人君子。我不愿干对不起他们的事。我宁愿对不起死人,对不起我自己,对不起你们,却不愿对不起这些正人君子。可是这儿有一张羊皮纸,上面盖着恺撒的印章,那是我在他的卧室里找到的一张遗嘱。只要让民众一听到这张遗嘱上的话——原谅我,我现在还不想把它宣读——他们就会去吻恺撒尸体上的伤口,用手巾去蘸他神圣的血,还要乞讨他的一根头发回去作纪念,当他们临死的时候,将要在他们的遗嘱上郑重提起,作为传给后嗣的一项贵重的遗产。

要是你们有眼泪,现在准备流起来吧。你们都认识这件外套,我记得恺撒第一次穿上它，是在一个夏天的晚上，在他的营帐里，就在他征服纳维人的那一天。瞧！卡西乌斯的刀子是从这地方穿过的；瞧那狠心的布鲁图斯的同谋加斯加割开了一道多深的裂口；他所深爱的布鲁图斯就从这儿刺了一刀进去，当他拔出他那万恶的武器的时候，瞧恺撒的血是怎样汩汩不断地跟着它出来，好像急于涌到外面来，想要知道究竟是不是布鲁图斯下这样无情的毒手。因为你们知道，布鲁图斯是恺撒心目中的天使。神啊，请你们判断判断恺撒是多么爱他！这是最无情的一击，因为当尊贵的恺撒看见他行刺的时候，负心，这一柄比叛徒的武器更锋锐的利剑，就一直刺进了他的心脏，那时候他的伟大的心就碎裂了。他的脸被他的外套蒙着，他的血不停地流着，倒在罗马石像的下面，伟大的恺撒倒下了。啊！那是一个多么惊人的殒落，我的同胞们。我、你们，我们大家都随着他一起倒下，残酷的叛逆却在我们头上耀武扬威。啊！现在你们流起眼泪来了，我看见你们已经天良发现，这些是真诚的泪滴。善良的人们，怎么！你们只看见恺撒衣服上的伤痕，就哭起来了吗？瞧这儿，这才是他的尸首，你们看，给叛徒们伤害到这个样子。

好朋友们，亲爱的朋友们，不要让我的话把你们刺激成这个样子。干这件事的人都是正人君子。唉！我不知道他们有些什么私人的怨恨，使他们干出这种事来，可是他们都是聪明而正直的，一定有理由可以答复你们。朋友们，我不是来偷取你们的心，我不是一个像布鲁图斯那样能言善辩的人，你们大家都知道我不过是一个老老实实、爱我的朋友的人，他们也知道这一点，所以才允许我为他公开说几句话。因为我既没有智慧，又没有口才，又没有本领，我也不会用行动或言语来激起人们的血性。我不过照我心里所想到的说出来，我只是把你们已经知道的事情向你们提醒，给你们看看亲爱的恺撒的伤口，可怜的、可怜的无言之口，让它们代替我说话。可是假如我是布鲁图斯，而布鲁图斯是安东尼，那么那个安东尼一定会激起你们的愤怒，让恺撒的每一处伤口里都长出一条舌头来，即使罗马的石块也将要大受感动，奋身而起，向叛徒们抗争了。

这是一篇历史上有名的反败为胜，以退为进的成功演说。在这篇演说中安东尼多次巧妙地采用欲擒故纵的手法，取得了很好的效果。

事实上，在安东尼演讲之前，布鲁图斯已经成功地赢得了听众的支持。这种形势对安东尼十分不利，安东尼深深懂得这一点。所以，他一上台演讲并不是劈头盖脸地使用尖刻凌厉的语言指责布鲁图斯是刽子手，而是以退为进先取得民众的信任，和他们站在同一条战线，于是，他开场便说："我是来埋葬恺撒，不是来赞美他。"接着，他又开始赞扬对手布鲁图斯，称他为"尊贵的布鲁图斯""正人君子"，他称布鲁图斯是一个"好人"，而且当布鲁图斯同谋的都是"好人"，并且在演说中不断地重复这一句话。为了更为拉近和民众的关系，取得信任，安东尼甚至表明他宁肯对不起恺撒，对不起自己，对不起听众，也不情愿对不起这些"好人"。

可这些"好人"到底"好"在哪里呢？接下来安东尼却用事实一次又一次地证明了这些所谓的"好人"是一批寡情少义、喜好诬陷中伤的政客。

在整篇演说中，安东尼基本上没有从正面直接攻击过布鲁图斯。但在演说过程中，他却利用反衬的手法，将这些"好人"的真实面目揭露出来。在演说中，安东尼巧妙地设置，精心地安排，让听众自己把心中的话喊出来，并让他们去完成他心中想做的事情。他表面上恭维布鲁图斯，在得到大家的信任后，又巧妙地一层层揭开他们伪善的面具，将他们一步步地置于死地。

以退为进、欲擒故纵的演讲手法为安东尼赢得了胜利。试想，如果安东尼一上台便破口大骂并给布鲁图斯戴上"乱臣贼子"的帽子，势必会造成针锋相对的局面，在人心都向着布鲁图斯的当下，安东尼只能成为众矢之的。安东尼懂得这一点，知道自己只能在演讲的过程中逐步地扭转听众的感情。而这种欲擒故纵的手法也进一步显得安东尼很有教养，是个值得相信的人。

在演说中安东尼口口声声称自己既无钱财，又无手段，是个老实人，如果唇枪舌剑地和布鲁图斯斗起来，他的立场和意图就暴露得非常明显，与他的言行就不符了。

安东尼的演说成功了，他运用智慧彻底征服了与他意见相左的听众。安东尼的演讲一结束，愤怒的人群发疯似的向凶手家冲去。布鲁图斯和卡西乌斯等共和派在罗马已无容身之地，遂带领一批武装逃离罗马。

面对人心几乎一边倒的不利局面，安东尼犹能以自己的三寸之舌扭转大局，赢回人心，与他演讲时运用的先退后进、变守为攻的技巧是分不开的。所以，当演讲者在演讲过程中遇到一些突发状况时，不要慌张，充分开发你的智力思维，你也能巧妙攻克难关，为自己赢得胜利！

第十一章

救场：
做好准备，不惧意外

演讲是一个动态的过程，演讲者善于回应听众，不仅表现在单纯地把控演讲、安排演讲上，对于演讲过程可能出现的意外情况，也要学会巧妙应对。

演讲有时候可能会遇到的各种突发情况，演讲者要沉着冷静，恰当处理，并根据突发的状态再修改演讲稿，缓解事态，安抚听众，从而收到较好的演讲效果。

冷场了怎么办

你在台上眉飞色舞，听众在台下频频点头——别高兴得太早，他们的点头是在打瞌睡！

演讲冷场，是一个让所有演讲者都感到不安的状况。你在演讲台上滔滔不绝、口若悬河，听众却在台下打瞌睡、玩手机、聊天、看报纸或者发呆……看到这样的情况，作为演讲者，你是掉头就走还是运用技巧扭转局面？

演讲中的冷场是由多种原因造成的，但主要的还是听众对演讲的注意力有所分散或转移。因此演讲者应付冷场的核心思想应当是采取措施重新吸引听众的注意力，向听众表明真正的中心与焦点是在讲台上。

1. 适当地赞美听众，引起共鸣和好感

听众发现演讲与自己的关系不大，自然不会给予太多的关心，在这种情况下常常会出现冷场。此时演讲者应当注意采用恰当的方式拉近与听众的心理距离。贴近听众的一个有效方法就是发自内心地赞美听众，用中情中理的话语拨动听众的心弦，激发他们的共鸣，使他们重又对演讲产生浓厚的兴趣，从而打破冷场的尴尬局面。

一次，小张到某医院演讲，上台后他环视了一下台下，发现角落里有个穿白大褂的老大夫,正戴着花镜自在地看着书。看起来老大夫对演讲不怎么感兴趣。小张想,他虽然不是一位忠实听众,但很可能是一位出色的大夫。

于是小张诗兴大发,从赞扬白衣战士谈起,说道:"每当我忆起那病中的时光,白衣战士就引起我深情的感慨,他们那人格的美、心灵的美,还有那圣洁的美,给我以生活的信心,增添我前进的力量。"

这段歌颂医生的开场白,引起老大夫的极大兴趣,他合上书,聚精会神地注视着演讲者。这时小张便将医生治病与救国救民的道理联系起来,这样的演讲议题符合听众口味,避免了空洞说教。

面对对自己的演讲报以漠视态度的医院的听众,演讲者采用了即兴赋诗的方式开头。在诗中对救死扶伤的白衣战士给予了真诚而崇高的歌颂,这自然会激发起医护工作者们的职业荣誉感,使他们对演讲的内容产生浓厚的兴趣,冷场的险状也就不存在了。

2. 调动听众参与热情

演讲实际上也是一种双向互动的过程,演讲者以自己的讲辞和形象的语言来感染听众,反过来,听众的积极回应也有利于推动演讲的顺利进行。

演讲者在需要的时候向听众提出富有针对性和启发性的问题,可以调动听众参与演讲活动的热情,使他们意识到自己也是整个演讲的一个重要组成部分。这样会有效地避免冷场和打破冷场。

某中学举行纪念"一二·九"演讲报告会。当演讲者讲到当代青年学生应该在新的历史时期,继承"一二·九"光荣革命传统,为振兴中华而努力奋斗的内容时,少数学生竟交头接耳地说笑起来。

演讲者为了避免事态的扩大,迅速发问:"讲到这里,我要向台下现在仍然在说说笑笑的同学提出这样的问题,你想以怎样的实际行动来发扬

'一二·九'运动的伟大爱国主义精神，为建设社会主义强国而做出自己应有的贡献呢？"这样一问，不仅有针对性地启发了听众的反思，起到了静场作用，而且又自然地续接下去，推动了演讲的顺利进行。

有时，神圣和有价值的东西反而会遭到某些人的嘲笑，本例中的演讲者就遇到了类似的情况。为了避免少数人的骚动引发全场的混乱，演讲者适时而又巧妙地向几个说笑者提出了一个十分严肃的问题，迫使他们从私下的说笑中重新让注意力回到演讲的现场，使全场听众产生了对于现实的反思，避免了可能出现的冷场局面。

3. 制造悬念

在演讲中制造悬念，其根本的目的是为了吸引听众的注意力，使演讲内含的信息和情感得以有效地传达。

因此，在出现冷场的情况下，适时地制造一两个悬念是重新吸引听众注意力的非常有效的办法。好的悬念不仅能够使演讲者再度成为听众注目的中心。而且能够活跃现场气氛，激发听众聆听与参与的兴趣。

普列汉诺夫有一次在日内瓦做名为《无产阶级与农民》的演讲，当时会场乱哄哄的，几乎使演讲不能继续下去了。

这时，普列汉诺夫双手交叉在胸前，用目光扫视着会场。当台下逐渐平静了些，他大声说："如果我们也想用这种武器同你们斗争的话，我们来时就会……（他停顿了一下，大家以为他会说，带着炸弹、武器、棍棒，然而他说出的话却出人意料）我们来时就会带着冷若冰霜的美女。"

此语一出，整个会场笑声一片，甚至连一些反对者也笑了起来。这时，普列汉诺夫抓住时机，话头一转，将演讲引入了正题。

普列汉诺夫面对反对者的干扰和乱哄哄的会场，适时地抛出一个悬念，等到听众都竖起耳朵之后，才给出了十分幽默的下文，使得整个会场都被他的风趣感染，从而为他展开正题创造了良好的会场气氛。

4. 巧设圈套

复旦大学的杨高潮同学在一次以"青年与祖国"为题的演讲比赛中被排在后面演讲。在他之前因种种原因，会场中始终一片嘈杂声，几乎无法平息喧闹的局面。轮到他上场时，情况仍然如此。针对这种局面，他调整了原来开场白的讲法。

他上台后，扫视全场，静观片刻后说道："同志们，关于青年与祖国的关系，人人皆知。但是，我想提个问题……（停顿一下，让听众有思想准备）谁能用一个字来概括青年和祖国的关系？"他的眼睛在听众中搜寻，场面顿时安静了下来。片刻之后他接着说："可能有人会说是'希望'。"话刚一出口，坐在前排的好几位同学当即指出："不对！希望是两个字，你不是说用一个字吗？"此反问正中圈套，于是他紧接着听众的话说："你们说得不错，'希望'这意思是对的，可惜用了两个字。我可以用'根'这个字来表示，青年是祖国的根！"

如此行事之后，场景完全改观，该同学乘机紧紧抓住听众的注意力，使安静的场面维持到演讲结束。

演讲者巧设圈套，要求用一个字概括"青年与祖国的关系"，可自己又偏偏用两个字作答，继而引发了听众的注意力。因为这个圈套，听众对演讲者给出的真正答案有了更为深刻的印象，他们的注意力也就无形中被再度集中起来了。

忘词的尴尬

忘词，几乎是每个演讲者都会遇到的问题。如果你是一个新手，当你第一次走上演讲台，面对台下众多期盼的目光，你一紧张突然忘词了，大脑里面一片空白，这时你该怎么办？或者，作为一名资深的演讲者，站在演讲台上的你正兴致盎然地对一个事件大谈特谈的时候，却因为被别人打断了思绪而无法继续时，你又该如何？

遇到忘词这种意外之变，演讲者除了稳定住自己的情绪外，最重要的是采用一些巧妙方法使演讲继续下去。具体方式有四个：

1. 创造思索回忆的机会，从而想起遗忘的内容。把刚才说过的话用加重语气放慢语速的方式再重复一遍，用这种方法唤起演讲者的记忆，或者把刚才说过的话用疑问句的形式再说一遍，巧借疑问后的停顿间隙回想起要讲的内容。

2. 从演讲稿入手。演讲者在熟悉演讲稿时，可以采取列提纲的方式记忆演讲稿内容，这样忘词时可以比较容易地想起内容，如果某些细节内容不易记起还可以根据提纲自由发挥一下。

3. 中途插话。比如忘词时可以这样说：坐在后面的朋友能听清楚我的讲话吗？在说的同时用眼睛环视四周，这样可以为自己争取时间。还有的人在忘词时还会幽默一下。记得曾在大学时听一位教授演讲，正当我们听得津津有味时，那位教授突然神来一笔地问我们："大家觉得我今年高寿几何？"然后在聊了一会儿后又转到了正题上，后来我们才知道那位教授其实是忘词了才问了这么一句，在转移注意力的同时为他的忘词打掩护。

4. 演讲者从哪里记起就从哪里接着讲，这种方法又叫跳跃衔接法。通常情况下，演讲者忘词并不是后面的全部内容都忘记了，而是忘记了其中的某一句、某几句或某一段话。如果是这种情况，演讲者就可以随方就圆巧妙地跳过遗忘的内容，哪里没忘就从哪里接着讲。倘若跳过的内容到后来又想起来了，演讲者应根据这些内容的性质而采取不同的措施：假如这些内容对于演讲的整体影响不大就不必再管它；假如这些内容对于演讲的整体影响很大，是非讲不可的，就应在结尾之前巧妙地追加补充一下，使之完善。可以用这样的语言方式来追加补充，如"在此，我再次强调一点……"或者"最后尤其应该注意……"等。

然而，演讲中最怕的是你忘词忘"大"了——不只是一小段内容，而是将后面的内容忘得一干二净。这时，就是考验你即兴演讲的时候了（关于即兴演讲的诀窍在本书的第十章有详细介绍）。用残留在脑海中的一点信息来进行临场发挥，紧扣演讲主题，或者与听众进行问答互动，或者临场说一个与主题相关的小故事，利用这段时间来回忆内容。这样毫无准备、被打乱阵脚的演讲也许会不尽人意，但总比你站着发呆强万倍。而且，在你即兴演讲时，一个偶然的词汇说不定就可以让你想起被忘记的内容。这样，你或许能找到一个好的切入点把内容带回正轨。如果一直没有想起被遗忘的内容，而你对即兴演讲也不怎么在行的话，就得想办法尽早结束自己的演讲。

当然，解决演讲忘词的方法可能还有很多，但拥有良好的心理素质还是最重要的。要做到即使忘词了，也能面不改色，依然镇定自若地在演讲台上与听众侃侃而谈是需要一定功力的。所以演讲者就要注意在平时生活中多加锻炼自己，在锻炼中提高自己沉着稳定的心理素质和随机应变的能力，以面对演讲中可能出现的各种突发状况。

失言后的补救措施

演讲者失言通常是在潜意识或情感的作用下，自觉或不自觉地说出来的语言，话一说出口，有时立即意识到此话不当说；有时则意识不到，需经别人提醒才能反应过来。

每一个演讲者都可能会遇到演讲失言的情况，当遇到这样的情况时就可以用下列的方法进行补救。

1. 因势利导，回到正题

当你对某一个词语的解释不到位，或者出现了望文生义的情况时，也可以顺着错误走下去，并用巧妙的语言把错误改正过来，因势利导，进入主题。

传说民国时期一个军阀召集手下文僚训话，他把"文墨之士"说成了"文黑之士"，引起台下一片讪笑之声。他身后的秘书小声地告诉他"黑字下面有个土念墨，是'文墨之士'"。他支吾了一下说："我不知道你们是'文墨之士'吗？我嫌你们太土了，特意去掉这个土字，我希望你们大家都要当气派的文墨之士。"这个军阀不懂"墨"却善于辞令，一句话把自己的失言解释得正大光明，听起来也恰似言之有理。

2. 将计就计，巧化失误

现实生活中的许多事情都是我们所不能控制的。而当坏事突如其来地出现在你面前的时候，你就需要针对特殊情况进行特殊处理了，并使主题万变不离其宗。这往往考验了一个人的临场反应能力，机智应变能力。

一个推销员滔滔不绝地讲述他的铁锅如何结实,质量如何好时,他又举起一只铁锅往地上摔给大家证实,没想到这只铁锅竟被摔破了,他马上接着说:"像这样的锅我们一只也不卖。"推销员用不卖破锅的话把这件事遮掩过去了。其意是说他还是要卖给你好锅。

3. 难题转嫁,脱离困境

在论辩的过程中,双方唇枪舌剑,一来一往,既是思辨的斗争,也是智慧的较量。在唇枪舌剑的较量中,常常会遇到一些意想不到的难题,一方在情势于己不利的情况下,通过迂回发挥,像踢球似的一脚把难题"踢"还给对方,乘对方穷于应付的时候,巧妙地从逆境中摆脱出来。

话说清朝乾隆年间,任侍读学士的纪晓岚是位机智过人的学者,乾隆皇帝想开个玩笑难倒他。一天,乾隆皇帝问纪晓岚:"爱卿,忠孝怎么解释?"

纪晓岚答道:"回陛下,君要臣死,臣不得不死,为忠;父要子亡,子不得不亡,为孝。"

乾隆皇帝微微一笑,立刻说:"我现在以君王的身份命令你去死!"

纪晓岚一听,心中暗暗叫苦,知道落入了乾隆的圈套。他眉头微微一皱,俯首回答道:"这……臣领旨!"说罢转身就走。

"你打算怎么去死?"乾隆皇帝叫住他。

"跳河!"纪晓岚头也没回。

"好,你去吧!"纪晓岚走后,乾隆望着他远去的背影,不无得意地在殿前踱着方步,他等着看纪晓岚的笑话。

过了一会儿,只见纪晓岚耷拉着头从外面走了进来。

乾隆故作不解地问:"纪爱卿,你怎么没跳河?是不是把'忠'字丢到了脑后?"

纪晓岚不慌不忙地回答说:"我到了河边,正要往下跳,不料从河里走出一个人,我一看,那不是楚国大夫屈原吗?屈大夫从水里向我走来,他拍着我的肩膀说,'晓岚,这就是你的不对了,想当年楚王昏庸无道,将我逼得走投无路,我是以死报国啊!可是如今皇上如此圣明,你这跳河一死,自己捞了个忠臣的名号,岂不是让圣主蒙上了昏君的罪名?'我细细一想,觉得屈大夫的话很有道理,我宁可得个不忠的骂名,也不能让您落个逼死忠臣的罪名啊!现在我只好回来听从您的发落了。"

乾隆听后,笑着说:"好个巧舌利嘴的滑头!"

演讲中出现遗漏或念错词、讲错话的失误在所难免,演讲者最好能够不露痕迹悄悄改过。比如,发现自己漏讲了某一点、某一段,可以随后补上,不必声张。念错某个字词或讲错某句话,也可以及时纠正,或在第二次出现时纠正。万一听众发现了你的错误,也不要紧,演讲者不妨将错就错,自圆其说,运用以上三点,将你失言后的漏洞补得天衣无缝。

以退为进,化解危机

以一敌百,在气势上你就处于劣势。在这种情况下,为了达到说服听众的目的,你不妨先有意识地退一步,肯定听众的观点有其合理性,然后在获得听众信任的基础上再寻找机会,通过摆事实、讲道理等方法巧妙地提出你的观点,变退为进,化守为攻,从而有力地说服听众。

第十一章 救场：做好准备，不惧意外

英国前首相威尔逊就是一个化解危机的高手。在一次演讲过程中，威尔逊碰到他的反对者在台下高声叫骂："狗屎！垃圾！"抗议他的演讲，想把他轰下台。面对这种情况，威尔逊依旧沉着、镇定地面对他的听众，并从正面转换话题，顺着这个抗议者的话说："这位先生请不要急，我马上就要讲到你所提到的环境卫生问题。"威尔逊以他的机智，化解了演讲中出现的一个危机，赢得了听众的支持。

威尔逊曾经在一个广场上进行演讲时，被一个小男孩用鸡蛋打到了脸。一般人认为威尔逊会因为大失面子而恼羞成怒，但是出人意料的是，威尔逊并没有生气，也没有惊慌，却大声地说："我的人生哲学就是要在对方的错误中发现我的责任。刚才那个小朋友用鸡蛋打我，这种行为是很不礼貌的。虽然他的行为不对，但是作为大英帝国的首相，我有责任为国家储备人才，那个小朋友从下面那么远的地方，能够将鸡蛋扔得那么准，证明他是一个很有体育潜能的人才，所以我要将他的名字记下来，以便留意栽培他，使其将来能成为我国的棒球选手，为国效力。"本来是一个非常尴尬的场面，如果威尔逊仍按照原来的讲稿讲，或者大发雷霆都会使他陷入被动。但是威尔逊不愧是一个优秀的演讲家，他及时调整了演讲稿，把这场小危机处理得非常得当，受到了听众的欢迎。所以演讲稿的修改和及时调整，在整个演讲过程中都会存在，一定要认真对待。

所以，当你在演讲过程中遇到了那些无端生事、专门挑衅的人时，不要恼羞成怒或立即吹胡子瞪眼。保持好你的风度，退一步来显示自己的涵养，让挑衅者无地自容。

在演讲当中，可能随时会面对各种突发的情况。

演讲的听众有时是友好的，同时也不能忽视一些听众是有备而来的，能否恰当应对这些听众，对演讲的最终成败有影响巨大。

运用幽默消除尴尬

幽默是一个演讲者自身必备的素质之一。有时候，对幽默的运用不仅可以拉近和听众的距离，还能让你瞬间化危机为转机，化尴尬于无形。

有一次，林肯与一位朋友边走边交谈，当他们走至回廊时，一队早已等候多时、准备接受总统训话的士兵齐声欢呼起来，但那位朋友还没有意识到自己应退开。这时，一位副官走上前来提醒他退后八步，这位朋友才发现自己的失礼，立即涨红了脸。但林肯立即微笑着说："白兰德先生，你要知道也许他们还分辨不清谁是总统呢！"就这么一句简简单单的话语，立刻打破了现场的尴尬气氛。

在人际交往中，幽默的情怀无疑就像湿润的细雨，可以冲淡紧张的气氛，缓解内心的焦虑，缩短彼此间的距离，是胸襟豁达的表现，即使在不愉快中也能沁人心脾，破除尴尬。

有时候，运用幽默的力量不仅可以及时消除现场的尴尬场面，还能鼓舞士气，赢得胜利。

有一次，英国首相、陆军总司令丘吉尔去视察某部队。天刚下过雨，他在临时搭起的台上演讲完毕下台阶的时候，由于路滑不小心摔了一个跟头。士兵们从未见过自己的总司令摔过跟头，都哈哈大笑起来，陪同的军官惊慌失措，不知如何是好。丘吉尔微微一笑说："这比刚才的一番演讲更能鼓舞士兵的斗志。"效果的确如丘吉尔所戏言的，士兵们对总司令的亲切感、认同感油然而生，必定会更坚定地听从总司令的命令，去英勇战斗。

在对话、演讲等场合，有时会遇到一些尴尬的处境，这时如果用几句幽默的语言来自我解嘲，就能在轻松愉快的笑声中缓解紧张尴尬的气氛，从而使自己走出困境。

幽默是人类语言中最美丽的一朵奇葩。它犹如一股清凉的风，让每一个被它吹拂的人神清气爽；它犹如一杯浓郁甘洌的泉水，让所有品尝过它的人心醉神迷。它是人类智慧的灵光闪现，是语言艺术的精华所在。当会议陷入沉闷时，一句幽默的话能迅速打开僵局，使与会者的紧张感消除，畅所欲言；当听众疲劳时，来点幽默，能给大家提提精神；当出现尴尬局面时，来点幽默，可以很快扭转局面，转被动为主动。

所以说，别小看了幽默的力量。运用幽默可以很好地消除尴尬，化解危机，彰显你的人格魅力，让你在演讲中如鱼得水般轻松自如。

应对开小差的听众

在许多演讲会上，听众开小差是常见的事，如看报纸杂志的，聊天的，喧闹的，打瞌睡的，望着窗外出神的，看外面热闹的……这种情形会严重影响演讲效果，同时也会影响演讲者的情绪。

碰到这种情况，演讲者务必找出原因，对症下药，及时调整自己的演讲内容及演讲方法。对听众听讲兴趣及注意力造成影响的原因很多，有主观方面的问题，如内容枯燥无味，演讲者不善于表达等；也有客观方面的问题，如会场环境欠佳，缺乏传声设备，会议时间过长等。对于主观方面的问题，演讲者在演讲准备时就要注意解决，对讲题以及材料都要精心地设计和选择，力求合乎听众的胃口，力求生动活泼、幽默风趣。对于客观方面的问题，演讲者则要灵活应变，针对不同的情况采取适当的解决方法和措施。

1. 尽量缩短演讲时间

遇到会议时间过长，以致听众疲倦或出现不耐烦情绪时，演讲者不妨精简演讲内容，尽量缩短演讲时间。这里不妨看看有经验的演讲家是如何面对的。

艾森豪威尔任哥伦比亚大学校长时，常常出席宴会并发表演讲。在一次宴会上，他排在最后一个发言。由于前面的演讲都是长篇大论，轮到他发言时，时间已经不早了，听众早就迫不及待地等着就餐了。艾森豪威尔急听众所急，他放弃了原来准备的讲稿，对听众说了以下两句话："每一篇演讲不管它写成书面的或其他形式，都应该有标点符号。今天晚上，我就是标点符号中的句号。"说完，他就回到座位上了。当听众明白他已经演讲完时，对他简短的演讲报以热烈的掌声。

2. 适当活动防止听众困倦

大家都知道，人在"春眠不觉晓"的日子里很容易困倦和瞌睡。

曾经有位演讲者遇到过这种情景，当时，他正在台上侃侃而谈，只见一缕初春的阳光从会场后侧的玻璃窗照射进来，照在少数人的背上。这些人的背脊立刻觉得一阵暖和，就不知不觉地产生了困意。最后，这种气氛还传染到前面的人。看到这一情景，演讲者暂停了演讲，对听众说：

"请诸位抬起头看看天花板。"

大家以为天花板上真有什么好看的，个个都抬起头来看着天花板。

"现在再看一看左边。"大家果然又向左边张望。

"那么诸位不妨看一看右边……好了,这就是头部运动。疲倦的时候,不妨做头部运动。如仍觉疲倦,也可以做体操活动。现在,请诸位举起手来。"大家便跟着他举起了手……

这一方法果然奏效,听众做了上述活动之后,不再困倦了,又开始专心听他演讲了。

同时还要注意一点,要使听众拥有良好的精神状态,演讲者自己首先要保持良好的精神状态,这是至关重要的。

如何应对刁难的听众

一般来说,绝大多数听众对演讲者都是尊敬和友善的,即使提出一些质疑也是出于善意。对此,演讲者应持欢迎的态度,并要认真地给予解答。但也不可避免会有一些别有用心的人故意提出一些带歧视、轻视、敌视性的问题,故意刁难演讲者,对此,演讲者应毫不客气地给予回击。下面的方法不妨参照一下。

1. 针锋相对

例如,当达尔文的进化论学说传播开来时,英国教会曾召开过一次辩论演讲会。会上,一位大主教突然对赫胥黎教授进行人身攻击,他说:"赫胥黎教授就坐在我旁边,他是想等我一坐下来就把我撕成碎片的。因为照他的信仰,他本来是猴子变的嘛!不过,我倒要问问,这个猴子子孙的资格,到底是从祖父那里得来的呢,还是从祖母那里得来的呢?"赫胥黎针锋相对地回答:"我断言——我重复断言,要说我是起源于弯着腰走路和智力不发达的可怜的动物,我并不觉得羞耻;相反,要说我起源于那些自称很有才华,社会地位很高,却胡乱干涉自己所茫然无知的事物,任意抹杀真理的人,那才真正可耻!"雄辩的哲理使大主教瞪着大眼,无言以对。

2. 反唇相讥

在一次宴会上,长相消瘦的萧伯纳正准备致辞,一个脑满肥肠的资本家讥笑道:"啊,萧伯纳先生,一见到您,我就知道世界上正在闹饥荒。"萧伯纳微微一笑,反唇相讥道:"嗯,先生,我见到您,就知道了世界上正在闹饥荒的原因。"

德国大诗人海涅因为是犹太人而常常遭到无理攻击。他在一次演讲中,有一个旅行家突然对他说:"我发现了一个小岛,这个岛上竟然没有犹太人和驴子!"海涅白了他一眼,反唇相讥道:"看来,只有你我一起去那个岛上,才会弥补这个缺陷!"

3. 顺水推舟

作家谌容有一次应邀到美国一所大学演讲,她刚登上讲台,有人就给她提了一个难堪的问题:"听说您至今还不是中国共产党党员,请问您对中国共产党的私人感情如何?"谌容顺水推舟地答道:"你的情报很准确,我确实还不是中国共产党党员。但是,我的丈夫个老共产党员,而我同他共同生活了几十年,尚无离婚的迹象,可见,我同中国共产党的感情有多深。"谌容巧妙得体的回答博得了台下听众的称赞。

应对方法还有很多,不能一一尽道。最关键的是演讲者要无所畏惧,沉着应对,这样才能更好地发挥出自己的聪明才智,战胜对方。

第十二章

不同场合的演讲战术

唇枪舌剑的竞聘演讲，一丝不苟的精神传达，正襟危坐的会议主持……各种各样的场合，都需要演讲口才与沟通表达。

前面我们已经详细地介绍了精彩演讲的一些要领，在这一章我们就几种工作与生活中经常会遇见的公众演讲，有针对性地谈谈如何做好这些演讲。

如何做好竞聘演讲

竞聘演讲是为了竞争上岗而发表的演讲，现广泛地运用在企事业单位招聘干部、员工的场合。竞聘演讲的作用是推销自己、说服大众、争取支持的一个重要手段。毫无疑问，这种将"让你干"变成"你要干"、将上面决定改为大家评判的方式，更能选出合适的人才。因此，这种通过竞聘演讲来决定是否能上岗的方式，会在今后更加普及与看重。每一个在职领导与想走上领导岗位的人，都不可忽略这种竞争方式。

竞聘演讲和普通演讲有所不同。简单地说，竞聘演讲的目的非常明确，主题非常集中——那就是"我要当船长"，而不是像一般的演讲，可以介绍船的结构，或者告诉人们如何驾船战胜风浪。你要当船长，别人也想当，因此，你的演讲要在"竞"字上下足功夫，要不蔓不枝地告诉听众：为什么我更适合。

在美国南北战争之后的一次竞选中，参加过战争的一位士兵约翰·爱伦和参加多场战争的陶克将军共同竞选国会议员。陶克将军在战争中功勋卓著，战后曾任过三次国会议员，而爱伦则显然处于劣势。陶克将军率先发言：

诸位同胞们，记得就在17年前的今天晚上，我曾带兵在茶座山与敌人激战,经过激烈的血战后,我在山上丛林里睡了一个晚上。如果大家没有忘记那次艰苦卓绝的战斗,请在选举时,也不要忘记那吃尽苦头、风餐露宿而屡建战功的人。

陶克将军列举自己的战绩,想唤起选民们对他的充分信任。果然激起了一阵掌声和欢呼。

轮到爱伦演讲了,他用低缓深沉的声音说:

同胞们,陶克将军说得不错,他确实在那次战争中立了奇功。我当时是他手下的一名无名小卒,替他出生入死,冲锋陷阵。这还不算,当他在丛林安睡时,我还携带着武器站在荒野之上,来保护他。

爱伦的语音一落,立即引起了选民们更加热烈的掌声。作为一个参战的小兵,爱伦要和将军比战功显然会处于劣势。所以爱伦避开战功不谈,只选取了战争年代在山上露宿这一个小小的片段。通过这个片段,他让选民们明白了:将军的赫赫战功其实是由千万个和自己一样默默无闻的小兵汇成的。他还用事实说明了:处在战争年代的小兵们,处境比将军更艰辛与危险。显然,这些话更能打动同样默默无闻的选民们的心。而更巧妙的是,他的话中没有半句诋毁将军战功的语句。

在竞聘演讲中,听众非常关心的一个问题是竞聘者任职后的打算。因此,竞聘者在竞聘演讲时,一定要用简明扼要的语言亮明自己的观点,也就是说,要紧紧围绕着听众关心的热点、难点问题,提出明确的工作目标和切实可行的措施。措施不要太多,三五条即可。

现代社会生活节奏快,竞争激烈,我们更要勇敢自信地推销自己。著名演讲家戴尔·卡耐基曾说过:"不要怕推销自己。只要你认为自己有才华,你就应该认为自己有资格担任这个或那个职务。"当你充满自信时，你站在演讲台上，面对众人，就会从容不迫，就会以最好的心态来展示你自己。当然，自信必须建立在丰富的知识和经验的基础上。这样的自信，才会成为你竞聘的力量，变成你工作的动力。

如何做好就职演讲

就职演讲是指一个人就任某个职务时所发表的演讲。开始演讲时，演讲者要简要地介绍自己的情况及工作经历，并结合当时的时代特点，从多方面叙述自己的思想观念及优势。在演讲中，演讲者一般要表明自己的政见和立场，给他人留下良好的印象，以求打动人心，鼓舞他人。

就职演讲是群众对新任领导的第一印象，所以，在演讲时特别要注意以下几个问题：

一是对症。就职演讲一般是就职者在面对现实工作中最需要解决的问题发表见解，其矛头所指必须是该单位的热点、焦点问题，这样才会引起听者的共鸣。

二要真挚。演讲时要注入演讲者强烈而真挚的感情，这种强烈的感情以适当方式表现出来，必将产生强大的感染力和号召力。

三要简洁。演讲必须具有简洁性，要做到主题集中、突出，层次少而有条理，语言准确洗练，使听众一听就能够明白地接受。

四要真实。就职演讲内容要真实，要讲真话，讲实话，不能哗众取宠。

以下是美国的林肯总统连任的就职演讲：

第十二章 不同场合的演讲战术

同胞们,

在第二次宣誓就任总统的时候,我没有必要讲得像第一次那样长。那时比较详细地说明要奉行的方针似乎是恰当和必要的。现在4年过去了,在这4年中,对于这场始终吸引国民注意并占用国民精力的伟大斗争的每一个关键问题和每一个阶段都已经不断地公开发布了文告,再没有什么新的东西好说了。关于武装部队的进展——其他一切主要都取决于武装部队——公众了解得和我一样清楚,它的情况是相当令人满意和鼓舞人心的。尽管对未来抱着很大希望,对它却不敢大胆预言。

4年前我就任总统时,人人忧心忡忡,全部思想都集中在一场迫在眉睫的内战上。人人都害怕这场内战,人人都设法避免这场内战。当时我在这里做就职演讲时,竭力想不经过战争来拯救联邦,叛乱分子却在城里力图不经过战争来毁灭联邦——力图通过谈判使联邦解体,人心涣散。双方都想避免战争。但其中的一方宁愿开战也不愿让国家生存下去,而另一方则宁愿应战也不愿让国家灭亡。于是战争就爆发了。

我们全国人口的1/8是黑人奴隶,但他们并不是遍布整个联邦,而是集中于联邦的南部。这些奴隶形成了一种特殊的和重大的利益。大家都知道,这种利益不知怎么地成了这次战争的根源。反叛者的目的是要加强、永保和扩大这一利益,为此他们不惜以战争割裂联邦;而政府则只要求有权制止其地域的扩大。

双方都没有预料到战争竟会达到目前这样大的规模,持续这么长的时间。双方也都没有期望冲突的根源会随着冲突的停止而消除,或者在冲突本身停止之前就会消除。双方都寻求比较容易的胜利,胜利的效果不那么重要和惊人。双方都念同一本《圣经》,向同一个上帝祈祷,每一方都祈求上帝帮助自己反对另一方。有人竟敢要求公正的上帝帮助他们从别人脸上流的汗水中榨取面包,这可能会使人觉得不可思议。不过我们还是不要议论别人,免得被人家议论。双方的祈祷不可能都得到满足，任何一方的祈祷都没有充分满足。

上帝有它自己的旨意。"世界因为罪过而遭殃，那些罪过是不能免的，但那个引起罪过的人是该遭祸的。"如果我们假定美国奴隶制是天意必须发生的那些罪过之一，但它的存在已超过了上帝规定的期限，现在上帝要把它去除，又假定上帝给北部和南部双方带来这场可怕的战争，作为对那些犯下这个罪过的人应得的惩罚，那么，我们能从中看出这种做法和信仰上帝者总是赋予永在的上帝的那些神的属性有任何偏离吗？我们天真地希望，热诚地祈求，这场战争的浩劫能迅速地过去。但是，如果上帝的意旨是要让战争继续下去，直到奴隶们用250年来的无偿劳动所积累起来的一切财富都化为灰烬，直到用鞭子抽出来的每一滴血都要用刀砍出来的另一滴血来偿还，那么3000年前人们说过的一句话，我们也还必须重说一遍："上帝的裁判总是正确和正义的。"

对任何人都不怀恶意，对一切人抱宽容态度，坚持正义，因为上帝使我们懂得正义。让我们继续努力完成我们目前正在进行的事业，把国家的创伤包扎起来，关怀那些担负起战争重担的人，关怀他们的孤儿寡母——凡是可以在我们中间，在同所有国家的关系方面带来和保持公正持久的和平的一切事情，我们都要去做。

1864年，当林肯再度当选总统职位时，美国仍为内战所分裂。当时战争的结果仍不能确定，而林肯的再度当选，成为北方人民决心作战到底，争取最后胜利的一个令人振奋的表现。次年的3月4日，林肯在宣誓就职时发表了以上这篇演讲。在这篇就职演讲词中，作为胜利方的林肯，力倡民族之间的宽容，希望避免一切过错与惩罚的问题，并明确地表示将致力于战后美国人民将面临的重大课题。演讲词可谓苦口婆心、语重心长，感人肺腑、发人深思。

第十二章 不同场合的演讲战术

如何做好动员演讲

　　动员演讲是一个鼓舞士气的重要工具。如在战争中对战士的战前动员，在危机中对员工的打气鼓劲，在考试前对学生的考前讲话……

　　士可鼓，不可泄。一场激情澎湃的演讲可以令士气大振。鼓舞士气的演讲，需要演讲者投入真实而又饱满的感情、坚如磐石的信念，还需要发出强有力的呐喊与号召。事实上，一场优秀的鼓舞士气的演讲，甚至能起到转败为胜的神奇作用。这样的例子有很多。例如1944年6月，蒙哥马利将军在诺曼底登陆中对担负突击任务的士兵发表了战前演讲，就极大地激发了士兵的勇气与斗志，士兵高呼"元帅的贝雷帽和演讲给了我们扑向死神的力量"！

　　汉尼拔·巴卡是北非古国迦太基的统帅、政治家。他出身名门，少年时代多次随父出征，骁勇善战，机智勇敢，战斗中善以出其不意之策取胜。26岁时任驻西班牙军队统帅。公元前218年，汉尼拔率数万军队翻越阿尔卑斯山，远征意大利，大败罗马军，这在当时是史无前例的壮举。后来，汉尼拔以先进技术改造自己的步兵，在公元前216年的卡内交战中再次大败罗马军队。公元前203年，他奉召回国，主持迦太基国务。由于政敌的逼迫和罗马的进攻，他只得出走叙利亚，最后于公元前183年服毒自杀。

　　《要么胜利，要么死亡》是汉尼拔率军翻越阿尔卑斯山后，准备向意大利出击时的战前鼓动演讲。这篇演讲以鲜明的对比显示睥睨敌人的无畏气概和必胜信心，是战前鼓动演讲中颇为成功的典范之作。

　　士兵们，

　　你们在考虑自己的命运时，如果能记住前不久在看到被我们征服的人溃败时的心情，那就好了。因为那不仅是一种壮观的场面，还可以说是你们处境的某种写照。我不知道命运是否已给你们戴上更沉重的锁链，使你们处于更紧迫的形势。你们的左面和右面都被大海封锁着，连一艘可用于逃遁的船只也没有。环绕着你们的是波河，它比罗纳河更宽，水流更急；后面包围着你们的则有阿尔卑斯山，那是你们在未经战斗消耗、精力充沛时，历经艰辛才能翻越的。

士兵们，你们已在这里同敌人初次交锋，你们必须获胜，否则便是死亡。命运使你们不得不投身战斗，它现在又站在你们面前。如果你们获胜，你们就能得到即使从永生的众神那儿也不敢指望得到的最大报酬。我们只要依靠勇敢去收复敌人从我们先辈手里强夺的西西里和萨迪尼亚，我们就会得到足够的补偿——罗马人通过多次胜利的战斗所取得和积聚起来的财富，连同这些财富的主人，都将属于你们。在众神的庇护下，赶快拿起武器去赢得这笔丰厚的报酬吧！

你们在荒凉的卢西塔尼亚和塞尔蒂韦里亚群山中追逐敌人为时已久，历经如此艰辛危难却一无所获。你们跋山涉水，转战数国，长途劳顿，现在是打响夺取丰富收获的战役，为你们的艰辛取得巨大报酬的时候了。在这里，命运允许你们结束辛苦的努力；在这里，它将赐予你们与贡献相称的报酬。你们不要因为这场战争表面上的巨大规模而担心难于取胜。受藐视的一方往往坚持浴血抗争，而一些以实力著称的国家和国王却常常被人并不费力地征服。

因为，撇开罗马徒有其表的显赫名声，它还有什么可与你们相比的？

默默地回顾你们20年来以勇敢和成功而著称的战绩吧，你们从赫拉克勒斯支柱，从大洋和世界最遥远的角落来到这里，一路上征服了高卢和西班牙许多凶悍无比的民族。如今，你们将同一支缺乏经验的军队作战，它就在今年夏天曾被高卢人击败、征服和包围，至今它的统帅还不熟悉他的军队，而

第十二章 不同场合的演讲战术

军队也不知道它的统帅是谁。要把我同他做一比较吗?我的父亲是最杰出的指挥官,我在他的营帐中出生、长大,我荡平了西班牙和高卢,我不仅征服了阿尔卑斯山诸国,还征服了阿尔卑斯山本身。而对方就任仅6个月的统帅是他的军队里的逃兵。如果把迦太基人和罗马人的军旗拿掉,我敢肯定他不知道自己是哪一支军队的指挥官。

你们中每一个人都看到了我的累累战功,同样,我作为你们英雄气概的目击者,能列举每一个人勇敢作战的具体时间和地点。士兵们,我认为这一点很重要。我在成为你们的指挥官前是你们大家的学生,我将率领曾千百次受我表彰和犒赏的士兵,阵容威武地阔步迎击那支官兵互不熟悉的军队。

不论我把眼光转向何处,我看到的都是斗志旺盛、精神饱满的士兵,一支由各个最英勇的民族组成的、久经战阵的步兵和骑兵。你们,是我们最可靠、最勇敢的盟军;你们,迦太基人,即将为你们的国家,并出于最正义的愤恨而出征。我们是战争中的攻击者,高举仇恨的旗帜进入意大利,将以远远超出敌方的胆量和勇气发起进攻,因为攻击者的信心和骁勇总是大于防卫者。此外,我们所受的痛苦、损失和侮辱燃烧着我们的心,它们首先激励我——你们的领袖,其次激励曾围攻过萨贡塔姆的你们去惩罚敌人。如果我们畏缩怯战,它们将使我们受到最严厉的折磨。

那个最为残暴、狂妄的民族认为,一切都应归它所有,听它摆布;应当由它决定我们该同谁交战、同谁讲和;它划定界限,以我们不得逾越的山脉、河流把我们封锁起来,而它却不遵守自己规定的界限。它还说,不得越过伊比利亚半岛,不得干预萨贡廷人;萨贡塔姆在伊比利亚半岛,你们不得朝任何方向跨出一步!它掠走我们最古老的省份——西西里和萨迪尼亚,这是件小事吗?它还要掠走西班牙,让我从那里撤走,以便它横渡大海进入阿非利加吗?

我说他们要横渡大海,是不是?他们已经派出本年度的两位执政官,一个派往阿非利加,一个派往西班牙。除了我们用武器保住的地方外,他们什么地方都没有给我们留下。有后路的人可能成为懦夫,他们可以通过安全的道路逃跑,回到自己的国土家园请求收容。但你们必须勇敢无畏。你们在胜利和覆灭之间绝无回旋余地,或者胜利,或者死亡。如果命运未卜,与其死于逃亡,毋宁死于沙场。如果这就是你们大家确定不变的决心,我再说一遍,你们已经胜利了——这是永生的众神在人们夺取胜利时所赐予的最有力的鼓励。

　　从这篇演讲可以看出,汉尼拔是一个最擅长战前鼓动的统帅。演讲一开始,汉尼拔就明确指出当时的形势是背水一战,"你们必须获胜,否则便是死亡。命运使你们不得不投身于战斗"。远离家乡征战罗马,战争的胜算非常微妙。为了确保胜利,汉尼拔采取背水一战的战术,将士兵们置于只能胜利、否则死亡的境地,激发士兵最大的勇敢和决心。其次,汉尼拔对比两军的情况,充分指出本军在统帅和士气两方面的优势和敌军的明显劣势,以此鼓励士兵,树立信心。汉尼拔显然是一位谙熟士兵心理的战术家,善于动员。他以极富煽动性的语言,激发对敌人的仇恨;以巨大的利诱,鼓起士兵的热情。演讲完毕后,将士们齐声高呼:"要么胜利,要么死亡!"